노래따라 단어암기 • 26일 초단기 완성

첫말잇기

초등 **고학년** 영단어

선행학습겸용

박 남 규 지음

저자 **박 남 규**

거창고등학교, 한양대학교 영어영문학과, 한양대학교 대학원(영어학전공)
졸업 후, 25여 년 동안 대학강사, 유명 대입전문학원 영어강사, 일간지
대입수능영어 칼럼리스트, 학원 경영자 등의 활동을 해왔고, 노래따라
첫말잇기 자동암기 평생기억 암기법을 창안하여, 그 방법을 토대로, 유아,
유치원, 초등, 중등, 고등, 수능용 첫말잇기 영단어시리즈와 첫말잇기
영단어와 성구암송 등 다수를 저술했고, 현재는 유빅토리 대표 및 조이
보카(JOYVOCA) 외국어연구소 소장으로 출판과 저작활동에 전념하고 있다.

만든 사람들

저자 | 박남규

발행인 | 박남규

발행처 | 유빅토리

인쇄 | 홍진씨앤피(주)

발행 | 2016년 1월 15일

등록 | 제2014-000142호

주소 | 서울특별시 강남구 압구정로 224. 208호 (신사동)

　　　　전 화 02) 541-5101　　팩스 02) 541-5103

홈페이지 | www.첫말잇기.com

이메일 | ark5005@hanmail.net

노래따라 단어암기 · 24일 초단기 완성

첫말잇기

초등 **고학년** 영단어

선행학습겸용

박 남 규 지음

하브루타식 자동암기 평생기억

고3 외국어영역 성적이 5~7등급에 지나지 않던, 영어공부와 담쌓았던, 저자의 둘째 아들이 9월말부터 입시 전까지 단 1개월 남짓의 집중 암기로 2014년 대학입시에서, 소위 SKY대학교(본교) 바이오 의공학부 (Bio-Medical Engineering Dept.)에, 수능성적 우수자 우선 선발전형으로 합격할 정도의 놀라운 학습법임이 입증되었다.

유태인의 하브루타 교육법이란?

하브루타는 원래 함께 토론하는 짝, 즉 파트너를 일컫는 말이었는데, 짝을 지어 질문하고 토론하는 교육방법으로 확대 사용되고 있다. 따라서 토론하는 상대방을 말하기도 하고, 짝을 지어 토론하는 행위 자체를 의미하기도 하며, 오늘날은 주로 후자의 경우로 사용되고 있다.

하브루타 교육이란 짝을 지어 질문하고, 대화하며 토론과 논쟁을 통해, 끊임없는 사고 작용을 유발시켜 뇌의 효율적 발달을 자극하는 교육법으로. 유대인 부모들은 자녀들의 뇌의 자극을 위해 어릴 때부터 끊임없이 왜?라는 질문을 던지게 하여, 호기심을 유발시켜 창의 적인 사고를 유도한다.

이런 조기의 질의응답식 사고가 다양한 견해, 관점, 시각을 갖게 하여 궁극적으로 창의 적인 인재로 성장케 한다. 하브루타는 본래 토론상대와 다른 생각과 다른 시각으로 자신의 견해를 논리적으로 전개하면서 열띤 논쟁을 유도하기 때문에 자연스럽게 창의적 인재양성에 최적의 방법이 되는 셈이다.

이같은 교육이 겨우 600만에 지나지 않는 소수 유태인들이 노벨수상자의 30%를 차지 하는 등, 수많은 인재배출로 세계를 호령하게 하는 원동력이 되었다.

노래가사 글자하나하나가 자동암기 내비게이터

케이블 TV와 유명 도서업체들이 출간 즉시 전국 일간신문 인터넷 홈페이지에 수개월 동안 자체 광고로 소개한 기적의 자동암기 평생기억 암기법(Auto-Memorizing Never Forgotten)

수많은 영어학원과 각종 영어 학습도구들이 전국 어디에나 넘쳐날 정도로 전 국민이 영어공부에 몰입되어 있지만, 정작 한국인의 영어구사능력은 전 세계에서 가장 뒤쳐져 있다는 현실은 참으로 안타까운 일이 아닐 수 없다. 투자와 노력만큼 실력이 늘지 않는 것은, 한국인이라면, 모두가 겪고 있는 영어공부의 문제일 것이다. 오랫동안 교육 현장에서, 이런 고질적인 문제의 해법을 찾던 중, 영어공부와는 아예 담쌓고 지내던 저자의 둘째아이가 수능 시험일을 불과 40여일 앞두고 다급하게 도움 요청을 한 것을 계기로, 수년 전부터 생각해 왔던 첫말잇기 방법을 짧은 기간 동안 적용해본 결과, 놀라운 효과를 확인하고, 오랫동안 보다 체계적인 다양한 검증을 거친 후, 자동차 내비게이터가 길을 안내하듯이, 단어암기 내비게이터가 암기와 기억을 자동으로 안내하는 신개념 단어암기법 첫말잇기 자동암기 평생기억법(특허출원번호 10-2014-0023149)을 내놓게 되었다.

아무쪼록, 첫말잇기 영단어암기법이 영어 공부에 어려움을 겪고 있는 모든 분들에게 한줄기 희망의 빛이 되기를 소망하면서 본 교재를 소개한다.

첫말잇기 암기법의 자기주도 학습효과는 역시 놀라웠다.

영어실력이 극히 부진하고 영어에 흥미를 잃은 학생들을 주 대상으로 실험을 했고, 그들 모두가 단기간에 어마어마한 수의 단어를 쉽게 암기했다. 단어의 수가 아무리 많아도, 전혀 부담감을 느끼지 않았고, 암기 후 오랜 시간이 지나도, 암기했던 차례대로 척척 기억해 냈다. 기존에 겪었던 암기에 대한 어려움이나 싫증을 느끼지 않았고, 암기 후에 쉽게 잊어버리지도 않았다. 자발적으로 끊임없이 사고하고 추리하도록 학습에 대한 호기심과 동기를 유발시켜주는 자기주도 학습방법이라는 사실이 입증되었다. 암기내비게이터의 안내에 따라 복습을 되풀이하기도 쉽고, 치매나 기억상실증으로 인해 노래가사를 잊어버리지 않는 한, 그것에 대응된 영단어도 오래오래 기억할 수 있는 탁월한 효과가 있었다. 또, 한글을 읽을 수 있는 능력만 있으면, 남녀노소 누구든지 쉽게 암기 가능한 방법이라는 것도 확인되었다.

세계를 호령하는 소수민족 유태인들의 자녀교육방법인 하브루타식 영단어 학습법

암기내비게이터의 안내만 따라가면, 혼자서는 물론이고, 여럿이 함께 낱말게임을 즐기듯이 문답식으로도 자동 암기가 가능하다. 무조건적인 암기가 아니라, 단어암기 내비게이터가 일정한 원리에 따라 자연스럽게, 끊임없이 호기심을 유발시켜, 사고하고 추론하도록 유도한다. 또, 학습상대와 질의 · 응답과 토론을 통해, 학습하는 것을 즐기게 하여, 궁극적으로 창의적인 인재로 키워내는 유태인의 자녀교육 방법인 하브르타방법과 같은 암기방법이라 할 수 있다.

첫말잇기 자동암기(Auto-Memorizing) 평생기억(Never Forgotten) 암기법

암기내비게이터인 노래가사가 암기할 단어와 암기한 단어를 자동 안내하기 때문에, 노래가사만 알면, 암기가 자동으로 이루어지며, 암기한 단어는 영원히 기억 가능한 **신개념 학습교재**이다.

한 권 전체 또는 수천 개의 단어도 수록된 순서대로 통째 암기 가능한 암기법

암기내비게이터인 노래가사 순서대로 단어가 수록되어 있어서, 수록된 순서대로 암기가능하며, 한 권 전체, 또는 수천 개의 단어도 순서대로 통째 암기 가능한 학습방법이다. 전 국민이 즐겨 암송하는 애국가, 유명동요, 유명가요 등의 노래가사의 글자하나하가 단어암기내비게이터 역할을 하기 때문에 많은 영단어들이 가사 순서대로 자동으로 암기되고 기억된다.

영어공부와 담쌓았던 실패자도 모범적 자기주도 학습자로 치유케 하는 암기법

암기내비게이터의 안내만 따라가면, 굳이 머리 싸매고 공부할 필요 없이, 단시간의 암기로도 수만은 단어의 암기가 가능하기에, 최단기간에 최소의 노력으로 기존의 암기법 보다 몇 배 이상의 많은 단어를 암기할 수 있는 암기법이다. 하면 할수록 공부의 재미가 점점 더해지는 첫말잇기 암기법은, 부지런한 소수 악바리들만 성공 가능했던 어려운 영어공부를, 이제, 자신감을 잃고 포기한 게으른 학습 부진자들에게도 공부의 재미를 회복시켜 모범적인 자기주도 학습자로 거듭나게 하는 학습법이다.

영어왕초보 학부모님도 자녀들의 훌륭한 과외교사가 될 수 있는 학습법

암기내비게이터의 안내만 따라가면, 영어 왕초보 학부모님도, 자녀들을 과외교사나 학원에 맡길 필요 없이, 직접 자녀를 개천의 용으로 양육 가능한, 훌륭한 가정교사가 될 수 있고, 자녀들과 함께 짝을 이뤄 암기하면 부모님도 단기간에 영단어 암기의 달인이 될 수 있는 학습법이다.

선행학습 걱정 끝

암기내비게이터의 안내만 따라가면, 쉽게 암기되기 때문에, 고학년 난이도의 단어를 저학년 학생도 쉽게 암기 가능한 자연스럽고 이상적인 선행학습 방법이다.

게임처럼 즐길 수 있는 생활 친화적 단어암기 놀이 학습법

암기내비게이터의 안내만 따라가면, 혼자는 물론이고, 온가족이 함께 할 수도 있고, 부모와 자녀, 또는 친구나 주변의 누구와도 함께 암기할 수 있으며, 마치 유치원이나 초등학교에서 반 전체가 합창으로 구구단을 외우듯이, 즐겁고 신나게 공부할 수 있어서, 어렵고 힘들고 싫어도, 억지로 해야만 하는 영단어공부가 아니라, 노래하며 즐길 수 있는 생활 친화적 단어암기 놀이이다.

단어암기, 영어회화, 읽기, 쓰기 등을 동시에 해결 가능한 학습교재

암기내비게이터의 안내만 따라가면, 첫말잇기 방식으로 수록된 주요 영어 구문들과 회화표현들도 함께 공부할 수 있는, 단어장인 동시에 영어회화 교재이며, 영어 에세이 학습 교재로도 활용될 수 있다.

교포2세의 모국어 학습교재

한국어를 구사할 수 없는 교포2세들의 한글공부는 물론이고 애국가, 우리나라 동요, 시조 등 모국의 문화를 자연스럽게 접할 수 있는 학습용교재로 활용하기에 아주 좋은 방식으로 구성되어 있다

기존 단어장보다 3배 이상 더 많은 단어 수록

기존 단어장 한 페이지에는 겨우 4~6개의 단어만 수록되어 있고, 나머지 80% 이상의 공간은 단어 이외의 예문이나 파생어 등으로 가득 채워져 있다. '예문이나 파생어를 활용하면 암기나 기억에 더 효율적일수도 있지 않을까'하는 막연한 기대감의 반영이겠지만, 이는 단순히 책 페이지만 늘일 뿐이며, 영단어 암기하기도 어려운데 예문까지 암기해야 하는 이중고만 겪게 하고, 그야말로 영어 공부에 학을 떼게 하는 고문일 뿐만 아니라, 기대했던 효과를 얻기는 어렵다. 사실 학습자들은 이런 부수적인 내용들에는 십중팔구 눈길조차 주지 않는다. 그러나 첫말잇기 암기법은 이런 소모적인 문제를 걱정할 필요가 없으며, 같은 두께의 책에 다른 단어장들보다 3~4배 이상의 단어가 수록되어 있다.

영어공부에 대한 과거의 트라우마 때문에, 영어책을 다시 펼치기조차 두려운, 자신감이 극도로 위축된 기존의 많은 영어 패배자들에게도, 첫말잇기 영단어암기법이 잃었던 자신감과 흥미의 불씨를 되살리는 부싯돌이 되기를 바란다.

저자 박 남규

어제 왕초보 오늘은 암기달인 학습법

첫말잇기 영단어는 이렇게 구성되어 있습니다!

 01 암기내비게이터로 자동암기 평생기억!
첫말잇기 게임식 단어장

노래 가사 글자하나하나가 암기할 단어뿐만 아니라 그 전후의 단어까지도 친절하게 안내하는 **자동암기 평생기억**이 가능하도록 구성했다.

애국가, 인기 동요, 가요, 속담, 시, 시조 등의 가사글자 하나하나가 암기내비게이터 역할을 하도록 왼쪽에 세로로 나열하고, 그 오른쪽에는 암기내비게이터 글자와 첫음절 발음이 같거나(붉은색단어), 또는 우리말 뜻의 첫음절 글자가 같은 영단어(푸른색단어)를 각각 하나씩 대응시켜 노래가사 순서대로 첫말잇기 게임식으로 구성했다. 따라서 노래가사를 통해, 암기할 단어뿐만 아니라, 그 전후에 있는 이미 암기한 단어와 다음에 암기할 단어까지도 자동으로 예측하여 암기 기억할 수 있게 했다.

02 영단어와 영어회화를 동시에~

우리말 노래가사의 뜻 그대로가 첫말잇기식으로 영단어와 영어회화로 수록되어 있어서 노래를 부르면서 단어와 영어회화를 동시에 학습할 수 있게 했다.

03 필수암기 속담 수록
초 중등과정 필수영어회화 수록

단어장의 곳곳에 초 중등과정의 많은 필수 속담과 주요 영어회화 표현들이
수록되어 있어 단어장은 물론이고 회화교재로도 함께 활용할 수 있다.

04 발음기호 몰라도 OK!
어린이도 혼자서 쉽게 발음 가능!

각 단어 아래에 발음기호뿐만 아니라, 우리말 발음도 가능한 한 영어발음에
가깝게 함께 표기했고, 단어의 액센트가 있는 부분은 붉은색(제 1강세)과 녹색(제2
강세)으로 표기했다.

05 교포2세들이 모국어 학습과 문화를
이해하는 데 효과적으로 구성

한국어에 서툰 교포2세들의 한글공부와 노래, 시, 속담 등을 통해 모국문화를
배울 수 있는 학습교재이다.

06 동영상 활용으로
보다 효율적인 암기

QR코드를 통해 홈페이지에 접속해서 다양한 서비스를 이용할 수 있다.

07 암기 동영상으로
푸짐한 선물 받기!

게임이나 율동 등으로 구성된 단어암기 동영상을
홈페이지에 올려 주시면 매달 우수 동영상에 선정된 분들께
소정의 선물을 제공함.

VI 속담모음

Part ①

노래가사 첫말잇기로 자동암기

나라사랑 (1)

순 서

1 애국가 1절

1	동	동료, 친구, 동아리, 녀석	명	**fellow** [félou] 뺄로우
2	해	해픈, 일어나다, 생기다, 우연히 ~하다	동	**happen** [hǽpən] 해픈
3	물	물고기, 어류	명	**fish** [fiʃ] 삐쉬
4	과	과실, 잘못, 결점, 허물	명	**fault** [fɔ:lt] 뽀−올트
5	백	백그라운드, 배경, 이면	명	**background** [bǽkgràund] 백그라운드
6	두	두꺼운, 굵은, 짙은	형	**thick** [θik] 딕
7	산	산소	명	**oxygen** [ɑ́ksidʒən / ɔ́ks-] 악시전 / 옥시전
8	이	이지, 쉬운, 평이한, 힘들지 않은, 편안한	형	**easy** [íːzi] 이−지
9	마	마이크로스꼬웊, 현미경	명	**microscope** [máikrəskòup] 마이크러스코프
10	르	러스트, (금속의) 녹, 부식, 녹슬음 ; 녹슬다, 부식하다	명	**rust** [rʌst] 러스트

11	고	**고스트**, 유령, 망령, 요괴	명	**ghost** [goust] 고우스트
12	닳	**닳아빠진**, 야윈, 초췌한	형	**worn** [wɔːrn] 워-언
13	도	**도우즈**, 졸기, 선잠 ; 졸다, 꾸벅꾸벅 졸다	명	**doze** [douz] 도우즈
14	록	**록**, 바위, 암석, 암반	명	**rock** [rɔk / rɑk] 록 / 락
15	하	**하쁘, 해쁘**, 반, 절반	명	**half** [hɑːf, hæf] 하-쁘, 해쁘
16	느	**느긋하게 생각해**, 편히 생각해, 여유를 가져, 걱정 마		**Take it easy.** 테이크 이 디지
17	님	**임팩트**, 충돌, 충격, 영향	명	**impact** [ímpækt] 임팩트
18	이	**이블**, 나쁜, 불길한 ; 악, 해악	형	**evil** [íːvəl] 이-블
19	보	**보트**, 작은 배, 범선	명	**boat** [bout] 보우트
20	우	**우드**, 나무, 목재	명	**wood** [wud] 우드
21	하	**하이**, 높은, 고공의, 고위의	형	**high** [hai] 하이

22	사	**사이드**, 측면, 옆쪽, 측	명	**side** [said] 사이드
23	우	**우움**, 움, 자궁, 배, 태내	명	**womb** [wu:m] 우-움
24	리	**리쁘**, 잎, 나뭇잎, 풀잎	명	**leaf** [li:f] 리-쁘
25	나	**나이스 터 미 츄.** 만나서 반가워.		**Nice to meet you.** 나이스 터 미 츄
26	라	**라이트**, 빛, 광선, 빛남, 광휘 ; 비추다	명	**light** [lait] 라이트
27	만	**만뜨**, 달, 한 달, 월	명	**month** [mʌnθ] 만뜨
28	세	**세미나**, 연구집회, 전문가 회의	명	**seminar** [sémənà:r] 세머나-
29	무	**무드**, 기분, 마음, 분위기	명	**mood** [mu:d] 무-드
30	궁	**궁색**, 가난, 빈곤, 결핍	명	**poverty** [pávərti] 파버리
31	화	**화이트**, 흰색, 백색	명	**white** [hwait] 와이트
32	삼	**삼세번**, 삼회, 3배로	부	**thrice** [θrais] 뜨라이스

33	천	천만에요!		My pleasure! 마이 플레저
34	리	리드, 이끌다, 인도하다, 안내하다, 인솔하다	동	lead [li:d] 리-드
35	화	화스 업, 왓스 업? 무슨 일이야?		What's up? 왓스 업
36	려	여(배)우	명	actress [ǽktris] 액츠리스
37	강	강, 하천	명	river [rívə:r] 리버-
38	산	산꼭대기, 산봉우리, 절정, 최고점	명	peak [pi:k] 피-크
39	대	대가, 가격, 비용, 지출, 희생, 손실	명	cost [kɔ:st] 코-스트
40	한	한탄하다, 슬퍼하다, 비탄하다, 애도하다, 애석해 하다	동	lament [ləmént] 러멘트
41	사	사운드, 건전한, 확실한, 정상적인	형	sound [saund] 사운드
42	람	암체어, 안락의자 ; 편안한	명	armchair [ɑ́:rmtʃɛ̀ər] 아-암체어
43	대	대미지, 손해, 손상	명	damage [dǽmidʒ] 대미지

44	한	한 쌍, 한 벌, 부부	명	pair [pɛər] 페어
45	으	어카운트, 계산, 셈, 계산서	명	account [əkáunt] 아카운트
46	로	로스, 손해, 손실, 분실, 잃음	명	loss [lɔ(:)s] 로(-)스
47	길	길트, 죄, 유죄, 범죄, 범죄행위	명	guilt [gilt] 길트
48	이	이어, 귀 ; 이삭, 옥수수 열매	명	ear [iər] 이어
49	보	보오링, 지루한, 따분한	형	boring [bɔ́:riŋ] 보-링
50	전	전얼, 저널, 신문, 잡지, 일간신문, 일지	명	journal [dʒə́:rnəl] 저-늘
51	하	하모니, 조화, 화합, 일치	명	harmony [háːrməni] 하-머니
52	세	세이 헬로 투 유어 시스터. 네 여동생에게 안부 전해 줘.		Say hello to your sister. 세이 헬로우 투 유어 시스터

② 애국가 2절

1	남	남편, 절약가 ; 절약하다	명	**husband** [hʌ́zbənd] 허즈번드
2	산	산책하다, 걷다, 걸어가다	동	**walk** [wɔːk] 워-크
3	위	위도우, 과부, 미망인, 홀어미	명	**widow** [wídou] 위도우
4	에	에어크레쁘트, 항공기	명	**aircraft** [ɛ́ərkræft] 에어크래쁘트
5	저	저스트, 올바른, 공정한 ; 바로	형	**just** [dʒʌst] 저스트
6	소	소리 투 히어 댓, 그 말 들어보니 참 안됐구나!		**Sorry to hear that.** 소리 터 히어 댓
7	나	나이스, 좋은, 훌륭한, 유쾌한	형	**nice** [nais] 나이스
8	무	무빙, 움직이는, 감동적인, 심금을 울리는	형	**moving** [múːviŋ] 무-빙
9	철	철도(선로), 궤도	명	**railroad** [réilròud] 레일로우드
10	갑	갑갑한, 지루한, 지치는, 성가신, 귀찮은	형	**tiresome** [táiəːrsəm] 타이어-섬

11	을	**얼티메이틀리**, 궁극적으로, 마지막으로, 최종적으로	부	**ultimately** [ʌ́ltəmitli] 얼티미틀리
12	두	**두 유 인조이 워칭 TV?** TV 시청하는 것 좋아하니?		**Do you enjoy watching TV?** 두유 인조이 워칭 티비
13	른	**언유절리**, 평소와 달리, 전에 없이, 이상하게	부	**unusually** [ʌnjúːʒuəli] 언유-주얼리
14	듯	**드래쁘트**, 도안, 밑그림, 설계도, 징병, 신인선발	명	**draft** [dræft] 드래쁘트
15	바	**바이얼런스**, 폭력, 폭행, 난폭, 충돌	명	**violence** [váiələns] 바이얼런스
16	람	**암**, 팔, 팔걸이, (포유동물의) 앞발	명	**arm** [ɑːrm] 아-암
17	서	**서브직트**, 주제, 과목	명	**subject** [sʌ́bdʒikt] 서브직트
18	리	**리얼리**, 참으로, 진실로, 실제로, 정말이지	부	**really** [ríː-əli] 리-얼리
19	불	**불가능**, 불가능한 일, 있을 수 없는 일	명	**impossibility** [impàsəbíləti] 임파서빌러디
20	변	**변화**, 다양성, 가지각색의 것	명	**variety** [vəráiəti] 버라이어리
21	함	**함**, 해, 손해, 손상	명	**harm** [hɑːrm] 하-암

22	은	은행 ; 둑, 제방, 기슭	명	**bank** [bæŋk] 뱅크
23	우	우-, 구애하다, 구혼하다, 사랑을 호소하다	동	**woo** [wu:] 우-
24	리	**리스펙트**, 존경, 존중, 경의	명	**respect** [rispékt] 리스펙트
25	기	**기도**, 빌기, 소원, 기도의 문구	명	**prayer** [prɛər] 프레어
26	상	**상의**, 외투, 코트	명	**coat** [kout] 코우트
27	일	**일루미네이션**, 조명, 조명도 ; 계몽, 계발	명	**illumination** [ilù:mənéiʃən] 일루-머네이션
28	세	**세이**, 말하다, 이야기하다	동	**say** [sei] 세이
29	무	**무드**, 기분, 마음, 분위기	명	**mood** [mu:d] 무-드
30	궁	**궁색**, 가난, 빈곤, 결핍	명	**poverty** [pávərti] 파버리
31	화	**횟(왓) 두 유 두?** 직업이 뭐죠? 무슨 일 하시죠?		**What do you do?** 왓 두 유 두
32	삼	**삼경**, 한밤중, 밤 12시	명	**midnight** [mídnàit] 미드나잇

33	천	천만에요!		My pleasure! 마이 플레저
34	리	리드, 이끌다, 인도하다, 안내하다, 인솔하다	동	lead [li:d] 리ー드
35	화	화스 더 매러? 무슨 일이야?		What's the matter? 왓스 더 매러
36	려	여배우	명	actress [ǽktris] 액츠리스
37	강	강, 하천	명	river [rívə:r] 리버ー
38	산	산꼭대기, 산봉우리, 절정, 최고점	명	peak [pi:k] 피ー크
39	대	대략, 요약, 개요 ; 간략한, 개략의	명	summary [sʌ́məri] 섬머리
40	한	한탄하다, 슬퍼하다, 비탄하다, 애도하다, 애석해 하다	동	lament [ləmént] 러멘트
41	사	사운드, 건전한, 확실한, 정상적인	형	sound [saund] 사운드
42	람	암체어, 안락의자 ; 편안한	명	armchair [ά:rmtʃɛ̀ər] 아ー암체어
43	대	대미지, 손해, 손상	명	damage [dǽmidʒ] 대미지

44	한	한 쌍, 한 벌, 부부	명	**pair** [pɛər] 페어
45	으	**어카운트**, 계산, 셈, 계산서	명	**account** [əkáunt] 아카운트
46	로	**로스**, 손해, 손실, 분실, 잃음	명	**loss** [lɔ(ː)s] 로(ㅡ)스
47	길	**길트**, 죄, 유죄, 범죄, 범죄행위	명	**guilt** [gilt] 길트
48	이	**이어**, 귀 ; 이삭, 옥수수 열매	명	**ear** [iər] 이어
49	보	**보어링**, 지루한, 따분한	형	**boring** [bɔ́ːriŋ] 보-링
50	전	**전얼**, 저널, 신문, 잡지, 일간신문, 일지	명	**journal** [dʒə́ːrnəl] 저-늘
51	하	**하모니**, 조화, 화합, 일치	명	**harmony** [háːrməni] 하-머니
52	세	세이 헬로 투 유어 시스터. 네 여동생에게 안부 전해 줘.		**Say hello to your sister.** 세이 헬로우 투 유어 시스터

3 애국가 3절

1	가	가능성, 실현성, 있을 수 있음	명	possibility [pàsəbíləti] 파서빌러리
2	을	얼룩, 오점, 더럼, 오점, 흠 ; 더럽히다	명	stain [stein] 스떼인
3	하	하니, 벌꿀, 꿀, 사랑스런 사람	명	honey [hʌ́ni] 하니
4	늘	늘, 항상, 보통, 일반적으로, 평소에	부	usually [júːʒluəli] 유-주얼리
5	공	공 모양의, 지구의, 전 세계의	형	global [glóubəl] 글로우블
6	활	활동, 행동, 작용, 작동	명	action [ǽkʃən] 액션
7	한	한동안, 잠시 동안, 잠깐 동안		for a while 뽀 러 와일
8	데	데쁘, 귀머거리의, 귀먹은	형	deaf [def] 데쁘
9	높	높은 비용의, 값이 비싼, 사치스런	형	costly [kɔ́ːstli] 코스들리
10	고	고우 어헤드, 말씀하세요. 계속하세요.		Go ahead. 고우 어헤드

11	구	구부리다, 숙이다, 굽히다, 굴복하다	동	bend [bend] 벤드
12	름	음미, 맛보기, 시음, 시식, 맛, 취미	명	taste [teist] 테이스트
13	없	없사이드, 업사이드, 윗면, 상부, 위쪽	명	upside [ápsàid] 업사이드
14	이	이스테이트, 토지, 재산, 사유지, 유산, 재산권	명	estate [istéit] 이스테이트
15	밝	밝은, 연한, 옅은, 엷은	형	light [lait] 라이트
16	은	언더웨어, 내의, 속옷	명	underwear [ándərwèər] 언더웨어
17	달	달력, 캘린더, 역법	명	calendar [kæləndər] 캘런더
18	은	언클린, 깨끗하지 않은, 분명치 않은	형	unclean [ʌnklíːn] 언클리-인
19	우	우둔한, 어리석은, 바보 같은	형	stupid [stʲúːpid] 스뚜-피드
20	리	리-즌, 지방, 구역, 지대	명	region [ríːdʒ-ən] 리-즌
21	가	가이드라인, 지침, 희미한 윤곽	명	guideline [gáidlàin] 가이들라인

22	습	섬, 총계, 총액, 총수, 합계, 개요, 개략	명	**sum** [sʌm] 섬
23	일	일, 나쁜, 병든, 불건전한, 부도덕한	형	**ill** [il] 일
24	편	편지, 서한, 글자, 문자	명	**letter** [létəːr] 레러-
25	단	단, 연단, 교단, 플랫폼, 승강장	명	**platform** [plǽtfɔːrm] 플랫뿌-옴
26	심	심플, 단순한, 간단한, 단일의	형	**simple** [símp-əl] 심플
27	일	일, 일터, 작업, 노동	명	**work** [wəːrk] 워-크
28	세	세미빠이널, 준결승 ; 준결승의	명	**semifinal** [sèmifáinəl] 세미빠이늘
29	무	무드, 기분, 마음, 분위기	명	**mood** [muːd] 무-드
30	궁	궁색, 가난, 빈곤, 결핍	명	**poverty** [pávərti] 파버리
31	화	화이트, 흰색, 백색	명	**white** [hwait] 와이트
32	삼	삼경, 한밤중, 밤 12시	명	**midnight** [mídnàit] 미드나잇

33	천	천만에요!		**My pleasure!** 마이 플레저
34	리	**리-드**, 이끌다, 인도하다, 안내하다, 인솔하다	동	**lead** [li:d] 리-드
35	화	**화**대픈, 무슨 일이니? 뭐야?		**What happened?** 왓 해픈드
36	려	**여**배우	명	**actress** [ǽktris] 액츠리스
37	강	**강**, 하천	명	**river** [rívə:r] 리버-
38	산	**산**꼭대기, 산봉우리, 절정, 최고점	명	**peak** [pi:k] 피-크
39	대	**대**략, 요약, 개요 ; 간략한, 개략의	명	**summary** [sʌ́məri] 섬머리
40	한	**한**탄하다, 슬퍼하다, 비탄하다, 애도하다, 애석해 하다	동	**lament** [ləmént] 러멘트
41	사	**사**운드, 건전한, 확실한, 정상적인	형	**sound** [saund] 사운드
42	람	**암**체어, 안락의자 ; 편안한	명	**armchair** [ɑ́:rmtʃɛ̀ər] 아-암체어
43	대	**대**미지, 손해, 손상	명	**damage** [dǽmidʒ] 대미지

44	한	한 쌍, 한 벌, 부부	명	**pair** [pɛər] 페어
45	으	어카운트, 계산, 셈, 계산서	명	**account** [əkáunt] 어카운트
46	로	로스, 손해, 손실, 분실, 잃음	명	**loss** [lɔ(:)s] 로(-)스
47	길	길트, 죄, 유죄, 범죄, 범죄행위	명	**guilt** [gilt] 길트
48	이	이어, 귀 ; 이삭, 옥수수 열매	명	**ear** [iər] 이어
49	보	보-링, 지루한, 따분한	형	**boring** [bɔ́:riŋ] 보-링
50	전	전얼, 저널, 신문, 잡지, 일간신문, 일지	명	**journal** [dʒə́:rnəl] 저-늘
51	하	하모니, 조화, 화합, 일치	명	**harmony** [háːrməni] 하-머니
52	세	세이 헬로 투 유어 시스터. 네 여동생에게 안부 전해 줘.		**Say hello to your sister.** 세이 헬로우 투 유어 시스터

4 애국가 4절

1	이	**이지고잉**, 태평한, 안이한, 게으른, 빈둥거리는	형	**easygoing** [íːzigóuiŋ] 이-지고우잉
2	기	**기억하다**, 암기하다, 명심하다	동	**memorize** [méməràiz] 메머라이즈
3	상	**상태**, 형편, 사정, 국가	명	**state** [steit] 스떼이트
4	과	**과정**, 진로, 행로, 흐름	명	**course** [kɔːrs] 코-스
5	이	**이글**, 독수리	명	**eagle** [íːgəl] 이글
6	맘	**맘모스**, 거대한	형	**mammoth** [mǽməθ] 매머뜨
7	으	**어피어런스**, 외모, 겉보기, 생김새, 출현, 기색, 징조	명	**appearance** [əpíərəns] 어피런스
8	로	**로우프**, 새끼, 줄, 끈	명	**rope** [roup] 로웁
9	충	**충돌**, 갈등, 대립, 불일치	명	**conflict** [kánflikt] 칸쁠릭트
10	성	**성격**, 성질, 인격, 품성, 인물	명	**character** [kǽriktər] 캐릭터

11	을	얼리 버드, 일찍 일어나는 사람		**éarly bìrd** 얼리 버드
12	다	다이어리, 일기, 일기장, 일지	명	**diary** [dáiəri] 다이어리
13	하	하미지, 존경, 충성, 경의, 신하로서의 예	명	**homage** [hámidʒ] 하미지
14	여	여우, 교활한 사람	명	**fox** [fɑks] 빡스
15	괴	괴로워하다, (고통을) 경험하다, 입다, 겪다	동	**suffer** [sʌ́fər] 서뻐
16	로	로울, 구르다, 회전하다 ; 회전, 구르기	동	**roll** [roul] 로울
17	우	우리, 새장, 수용소	명	**cage** [keidʒ] 케이지
18	나	나이트메어, 악몽, 가위눌림	명	**nightmare** [náitmὲəːr] 나잇메어–
19	즐	즐거운 생각, 즐거움, 장난, 놀이, 재미	명	**fun** [fʌn] 뻔
20	거	거라지, 차고, 주차장	명	**garage** [gərάːʒ] 거라–지
21	우	우체국		**post office** 포우트 아삐스

22	나	나그네, 여행자, 여행가	명	**traveler** [trǽvlə:r] 츠래블러-
23	나	나귀, 당나귀, 바보	명	**ass** [æs] 애스
24	라	라이스, 쌀, 밥	명	**rice** [rais] 라이스
25	사	사이드 바이 사이드, 나란히, 병행하여, ~와 결탁하여		**side by side** 사이드 바이 사이드
26	랑	앙칼스러운, 사나운, 거친	형	**wild** [waild] 와일드
27	하	하이드, 숨기다, 감추다, 덮다 ; 짐승의 가죽, 사람의 피부	동	**hide** [haid] 하이드
28	세	세이크 핸즈, 악수하다		**shake hands** 세이크 핸즈
29	무	무드, 기분, 마음, 분위기	명	**mood** [mu:d] 무-드
30	궁	궁색, 가난, 빈곤, 결핍	명	**poverty** [pάvərti] 파버리
31	화	홧(왓) 두 유 두? 직업이 뭡니까?		**What do you do?** 왓 두 유 두
32	삼	삼경, 한밤중, 밤 12시	명	**midnight** [mídnàit] 미드나잇

Part I 나라사랑 ①

33	천	천만에요!		**My pleasure!** 마이 플레저
34	리	리드, 이끌다, 인도하다, 안내하다, 인솔하다	동	**lead** [liːd] 리-드
35	화	화스 롱? 뭐가 잘못 되었니? 무슨 일이니?		**What's wrong?** 왓스 로옹
36	려	여배우	명	**actress** [ǽktris] 액츠리스
37	강	강, 하천	명	**river** [rívəːr] 리버-
38	산	산꼭대기, 산봉우리, 절정, 최고점	명	**peak** [piːk] 피-크
39	대	대략, 요약, 개요 ; 간략한, 개략의	명	**summary** [sʌ́məri] 섬머리
40	한	한탄하다, 슬퍼하다, 비탄하다, 애도하다, 애석해 하다	동	**lament** [ləmént] 러멘트
41	사	사운드, 건전한, 확실한, 정상적인	형	**sound** [saund] 사운드
42	람	암체어, 안락의자 ; 편안한	명	**armchair** [áːrmtʃὲər] 아-암체어
43	대	대미지, 손해, 손상	명	**damage** [dǽmidʒ] 대미지

45	한	한 쌍, 한 벌, 부부	명	**pair** [pɛər] 페어
46	으	**어카운트**, 계산, 셈, 계산서	명	**account** [əkáunt] 아카운트
47	로	**로스**, 손해, 손실, 분실, 잃음	명	**loss** [lɔ(ː)s] 로(-)스
48	길	**길트**, 죄, 유죄, 범죄, 범죄행위	명	**guilt** [gilt] 길트
49	이	**이어**, 귀 ; 이삭, 옥수수 열매	명	**ear** [iər] 이어
50	보	**보-링**, 지루한, 따분한	형	**boring** [bɔ́ːriŋ] 보-링
51	전	**전얼**, 저널, 신문, 잡지, 일간신문, 일지	명	**journal** [dʒə́ːrnəl] 저-늘
52	하	**하모니**, 조화, 화합, 일치	명	**harmony** [háːrməni] 하-머니
53	세	**세이 헬로 투 유어 시스터.** 너의 여동생에게 안부 전해 줘.		**Say hello to your sister.** 세이 헬로우 투 유어 시스터

⑤ 국기에 대한 맹세

1	나	나누다, 분할하다, 쪼개다	동	**divide** [diváid] 디바이드
2	는	**언빌리쁘**, 불신, 의혹, 불신앙	명	**unbelief** [ʌnbilíːf] 언빌리−쁘
3	자	**자리**, 좌석, 걸상, 지정석, 예약석	명	**seat** [siːt] 시−트
4	랑	**앙상블**, 총체, 종합적 효과, 전체적 효과	명	**ensemble** [ɑːnsáːmbəl] 아−안사−암블
5	스	**스네익**, 뱀, 음흉한 사람, 배신자	명	**snake** [sneik] 스네익
6	러	어디서 샀니? 그것 어디서 구했니?		**Where did you get it?**
7	운	운, 행운, 재산, 부	명	**fortune** [fɔ́ːrtʃ−ən] 뽀−츈
8	태	**태블릿**, 평판, 명판, 기념액자, 패 ; 정제	명	**tablet** [tǽblit] 태블릿
9	극	**극도의**, 심한, 최대의, 맨 끝의	형	**extreme** [ikstríːm] 익스츠리−임
10	기	**기쁨**, 즐거움, 쾌감, 만족	명	**pleasure** [pléʒər] 플레저

11	앞	앞으로 나아가다, 전진하다, 진출하다, 앞으로 내보내다	동	**advance** [əd / ædvǽns] 어드밴스, 애드밴스
12	에	에스컬레이터, 자동식 계단	명	**escalator** [éskəlèitər] 에스컬레이러
13	자	자기 자신의, 고유한, 특유의, 독특한	형	**own** [oun] 오운
14	유	유 디더 굿 잡. 참 잘했어!		**You did a good job!** 유 디 더 굿 잡
15	롭	옵션, 압션, 선택권, 선택의 자유	명	**option** [ɔ́pʃən / ɑ́p-] 옵션, 압션
16	고	고장, 파손, 몰락, 붕괴, 와해	명	**breakdown** [bréikdàun] 브레익다운
17	정	정거장, 역, 정류장, 주둔지	명	**station** [stéiʃ-ən] 스떼이션
18	의	의사, 박사 ; see a doctor 의사의 진찰을 받다	명	**doctor** [dɑ́ktər] 닥터
19	로	로드, 도로, 길, 가도, 진로, 행로, 방법	명	**road** [roud] 로우드
20	운	운동화, 소리 나지 않는 운동화, 몰래 행동하는 사람	명	**sneaker** [sníːkər] 스니-커
21	대	대스 어 굿 아이디어, 그것 참 좋은 생각이야.		**That 's a good idea.** 대쓰 어 굿 아이디어

22	한	한 컵의 ~ ; a glass of milk 우유 한 컵		a glass of ~ 어 글래스 어브
23	민	민, 의미하다, 뜻하다, 의도하다	동	mean [miːn] 미–인
24	국	국면, 단계, 면, 상, 위상	명	phase [feiz] 삐이즈
25	의	의붓딸	명	stepdaughter [stépdɔ̀ːtər] 스뗍도–러
26	무	무게를 달다, 평가하다, 숙고하다, 고찰하다	동	weigh [wei] 웨이
27	궁	궁전, 왕궁, 궁궐, 관저, 공관	명	palace [pǽlis] 펠리스
28	한	한계, 범위, 영역, 경계[선], 영역 내, 영내	명	boundary [báundəri] 바운드리
29	영	영, 젊은, 어린, 연소한, 한창 젊은	형	young [jʌŋ] 영
30	광	광부, 갱부, 광산업자	명	miner [máinər] 마이너
31	을	얼도우, 비록 ~일지라도, ~이긴 하지만	접	although [ɔːlðóu] 어–얼도우
32	위	위크, 약한, 무력한, 연약한, 박약한	형	weak [wiːk] 위–익

33	하	하드, 단단한, 딱딱한, 튼튼한	형	**hard** [hɑːrd] 하-드
34	여	여기 있습니다.		**Here you are.** 히어류아
35	충	충고, 충언, 조언, 권고, 의논, 협의	명	**counsel** [káunsəl] 카운슬
36	성	성(性), 성별, 성칭	명	**gender** [gǽðər] 잰더
37	을	얼다, 동결하다, 빙결하다, 얼어붙다	동	**freeze** [friːz] 쁘리-즈
38	다	**다이제스트**, 소화하다, 삭이다, 요약하다	동	**digest** [daidʒést] 다이제스트
39	할	**할로우**, 속이 빈, 공동의	형	**hollow** [hálou] 할로우
40	것	**거미집**, 직물, 거미집 모양의 망	명	**web** [web] 웹
41	을	**얼랏**, 할당하다, 분배하다, 주다, 충당하다	동	**allot** [əlát] 얼랏
42	굳	**굳**, 선, 미덕, 이점, 소용 ; be no good 소용없다	명	**good** [gud] 굳
43	게	**게인**, 얻다, 획득하다	동	**gain** [gein] 게인

44	다	다트, 점, 작은 점, 점선	명	dot [dɑt] 닷
45	짐	짐, 체육관, 체육, 체조	명	gym [dʒim] 짐
46	합	합창, 합창곡, 합창대	명	chorus [kɔ́:rəs] 코-러스
47	니	니들, 바늘, 바느질 바늘, 뜨개바늘	명	needle [níːdl] 니-들
48	다	다이너스티, 왕조, 명가, 명문	명	dynasty [dáinəsti] 다이너스디

Part Ⅱ

노래가사 첫말잇기로 자동암기

나라사랑 (2)

순 서

6 한국을 빛낸 100인 1절

1	아	아이템, 물건, 물품, 품목	명	**item** [áitəm] 아이텀
2	름	음모, 계획, 책략, 줄거리, 각색, 구상	명	**plot** [plɑt] 플랏
3	다	다이그노시스, 진단법, 원인분석, 식별	명	**diagnosis** [dàiəgnóusis] 다이어그노우시스
4	운	운명, 숙명, 운, 죽음, 최후	명	**fate** [feit] 뻬이트
5	이	이브닝, 저녁, 밤, 해질녘	명	**evening** [í:vniŋ] 이-브닝
6	땅	땅, 지면, 토지, 운동장	명	**ground** [graund] 그라운드
7	에	에그, 알, 달걀	명	**egg** [eg] 에그
8	금	금성, 비너스(사랑과 미의 여신), 절세의 미인	명	**Venus** [ví:nəs] 비-너스
9	수	수피리어, 보다 위의, 보다 높은	형	**superior** [supíəriər] 수피리어
10	강	강철, 강, 스틸	명	**steel** [sti:l] 스띠-일

11	산	산소, 무덤, 묘비, 분묘	명	grave [greiv] 그레이브
12	에	에러, 잘못, 실수, 틀림	명	error [érər] 에러
13	단	단, 던, 끝난, 다 된, 일을 끝낸, 녹초가 된, 다 써버린	형	done [dʌn] 던
14	군	군중, 군집, 다수, 수가 많음, 대중	명	multitude [mʌ́ltitʃùːd] 멀티튜-드
15	할	할러데이, 휴일, 휴가, 정기휴일	명	holiday [hálədèi] 할러데이
16	아	아이들니스, 나태, 무익, 무위	명	idleness [áidlnis] 아이들니스
17	버	버-추, 미덕, 덕, 장점, 가치, 효력, 효능	명	virtue [və́ːrtʃuː] 버-추
18	지	지도, 천체도, 설명도	명	map [mæp] 맵
19	가	가능한 한 빨리		as soon as possible 애즈 수운 애즈 파서블
20	터	터엄, 말, 용어, 말투, 어구	명	term [təːrm] 터-엄
21	잡	잡다, 붙들다, 쥐다, 붙잡다	동	catch [kætʃ] 캐치

22	으	어뻬어, 일, 용건, 업무, 용무	명	**affair** [əféər] 어뻬어
23	시	**시추에이션**, 위치, 장소, 입장, 정세, 상태	명	**situation** [sitʃuéiʃ-ən] 시추에이션
24	고	<u>고요한</u>, 조용한, 침착한, 냉정한	형	**calm** [kɑːm] 카-암
25	홍	**홍조**, 얼굴 붉힘 ; 얼굴을 붉히다, 빨개지다	명	**blush** [blʌʃ] 블러쉬
26	익	**익사이팅**, 흥분시키는, 자극적인, 활기찬	형	**exciting** [iksáitiŋ] 익사이딩
27	인	**인네이트**, 타고난, 천부의, 선천적인	형	**innate** [inéit] 인네이트
28	간	**간격**, 거리, 사이, 틈	명	**interval** [íntərvəl] 인터벌
29	뜻	**뜻**, 의미, 의의, 목적, 효능	명	**meaning** [míːniŋ] 미-닝
30	으	**어콰이어**, 획득하다, 취득하다	동	**acquire** [əkwáiər] 어콰이어
31	로	**로얄**, 충성스러운, 성실한	형	**loyal** [lɔ́iəl] 로이을
32	나	**나누다**, 분류하다, 구분하다, 등급을 나누다	동	**classify** [klǽsəfài] 클래서빠이

33	라	라이트, 올바른, 옳은, 정당한	형	right [rait] 라이트
34	세	세이프, 모양, 형상, 외형	명	shape [ʃeip] 쉐잎
35	우	우든, 나무로 만든, 생기 없는	형	wooden [wudn] 우든
36	니	니스, 조카딸, 질녀	명	niece [niːs] 니-스
37	대	대가족		a large family 얼라즈 뻬밀리
38	대	대시, 돌진하다, 내던지다	동	dash [dæʃ] 대시
39	손	손자	명	grandson [grænd-sʌn] 그랜드선
40	손	손에 잡다, 쥐다, 가지다	동	take [teik] 테이크
41	훌	훌륭한, 뛰어난, 좋은, 멋진	형	fine [fain] 빠인
42	륭	융단, 양탄자, 깔개	명	carpet [káːrpit] 카-피트
43	한	한 때, 한 번, 일회, 한 차례	부	once [wʌns] 완스

44	인	인더스트리, 산업, 공업, 근면	명	**industry** [índəstri] 인더스츠리
45	물	물론 아닙니다.		**Of course not.** 어브 코-스 낫
46	도	도머네이트, 다머네이트, 지배하다, 통치하다, 위압하다	동	**dominate** [dámənèit] 도머네이트
47	많	만여먼트, 마녀먼트, 기념비, 기념물, 기념탑	명	**monument** [mánjəmənt] 마녀먼트
48	아	아이템, 기사, 항목	명	**item** [áitəm] 아이텀
49	고	고우 바이 트레인, 열차로 가다		**go by train** 고우 바 트레인
50	구	구두쇠, 노랑이, 수전노	명	**miser** [máizər] 마이저
51	려	여권, 허가증, 통행권	명	**passport** [pǽspɔ̀ːrt] 패스포-트
52	세	세쁘, 요리사, 주방장, 쿡(cook)	명	**chef** [ʃef] 쉐쁘
53	운	운동장, 놀이터, 공원	명	**playground** [pleígràund] 플레이그라운드
54	동	동정, 불쌍히 여김, 애석한 일, 유감스러운 일	명	**pity** [píti] 피디

55	명	명령, 지휘, 지시 ; 명령하다	명	**order** [ɔ́:rdər] 오-더
56	왕	왕성한, 원기 왕성한, 정력적인, 활동적인	형	**energetic** [ènərdʒétik] 에너제딕
57	백	백팩, 등짐, 가방	명	**backpack** [bǽkpæ̀k] 백팩
58	제	제스처, 몸짓, 동작	명	**gesture** [dʒéstʃər] 제스처
59	온	온리, 단지, 오직, 겨우	부	**only** [óunli] 오운리
60	조	조이뿔, 즐거운, 기쁜	형	**joyful** [dʒɔ́ifəl] 조이뿔
61	왕	왕관, 왕권, 승리의 화관, 영광	명	**crown** [kraun] 크라운
62	알	알터, 바꾸다, 변경하다	동	**alter** [ɔ́:ltər] 아-알터
63	에	에비든스, 증거, 흔적, 증거물	명	**evidence** [évidəns] 에비든스
64	서	서든, 갑작스런, 돌연한, 불시의, 별안간의	형	**sudden** [sʌ́dn] 서든
65	나	나비, 멋쟁이, 바람둥이, 변덕쟁이	명	**butterfly** [bʌ́tərflài] 버러쁠라이

Part II 나라사랑 ②

66	온	온실, 그린하우스	명	**greenhouse** [gri:n-haus] 그리-인-하우스
67	혁	혁대, 벨트, 죔쇠	명	**buckle** [bʌ́kəl] 버클
68	거	거리, 가도, 차도, 가로	명	**street** [stri:t] 스츠리-트
69	세	세이쁠리, 안전하게, 무사히	부	**safely** [séifli] 세이쁠리
70	만	만나다, 마주치다, 충족시키다	동	**meet** [mi:t] 미-트
71	주	주-, 동물원	명	**zoo** [zu:] 주-
72	벌	벌레, 기생충, 구더기	명	**worm** [wə:rm] 워-엄
73	판	판드, 못, 늪, 샘물, 양어장	명	**pond** [pɑnd] 판드
74	달	달링, 가장 사랑하는 사람, 귀여운 사람, 소중한 것	명	**darling** [dá:rliŋ] 다-알링
75	려	여걸, 여장부, 여주인공	명	**heroine** [hérouin] 헤로우인
76	라	라우드, 시끄러운, 큰 소리의	형	**loud** [laud] 라우드

77	광	광물, 무기물, 광석	명	**mineral** [mínərəl] 미너럴
78	개	개더링, 모임, 회합, 집합	명	**gathering** [gǽðəriŋ] 개더링
79	토	**토커티브**, 이야기하기 좋아하는, 수다스러운, 말 많은	형	**talkative** [tɔ́ːkətiv] 토-크티브
80	대	대나무	명	**bamboo** [bæmbúː] 뱀부-
81	왕	왕자, 황태자, 동궁	명	**prince** [prins] 프린스
82	신	**신어, 시너, 죄인**(종교·도덕상의), 죄 많은 사람	명	**sinner** [sínəːr] 시너-
83	라	**라이클리**, 있음직한, 정말 같은	형	**likely** [láikli] 라이클리
84	장	장관, 비서, 서기, 사무관	명	**secretary** [sékrətèri] 세크러테리
85	군	군대, 부대, 무력, 병력	명	**force** [fɔːrs] 뽀-스
86	이	**이그잼플**, 예, 보기, 실례	명	**example** [igzǽmpəl] 이그잼플
87	사	**사버린**, 주권자, 원수, 군주, 지배자	명	**sovereign** [sάv-ərin] 사브린

88	부	부뜨, 부쓰, 노점, 매점	명	**booth** [buːθ] 부-뜨
89	백	백워드, 뒤에[로], 뒤쪽으로, 후방으로, 거꾸로	부	**backward** [bǽkwərd] 백워드
90	결	결혼식, 혼인식, 혼례	명	**wedding** [wédiŋ] 웨딩
91	선	선쁠라워, 해바라기	명	**sunflower** [sʌ́nflàuər] 선쁠라우어
92	생	생일, 창립 기념일	명	**birthday** [bə́ːrədèi] 버-뜨데이
93	떡	떡, 쌀떡		**rice cake** 라이스 케익
94	방	방문자, 손님, 관광객, 체류손님	명	**visitor** [vízitər] 비지터
95	아	아큐파이, 점령하다, 차지하다, 점거하다	동	**occupy** [ákjəpài] 아켜파이
96	삼	삼세번, 삼회, 3배로	부	**thrice** [θrais] 뜨라이스
97	천	천문학, 성학(星學), 천문학 논문	명	**astronomy** [əstránəmi] 어스트라너미
98	궁	궁금증, 호기심, 진기함, 캐기 좋아하는 마음	명	**curiosity** [kjùəriásəti] 큐리아서디

99	녀	여자, 여성, 부인	명	**woman** [wúmən] 우먼
100	의	의견, 견해, 지론, 소신	명	**opinion** [əpínjən] 어피년
101	자	자물쇠, (자물쇠 달린) 장	명	**locker** [lákər] 라커
102	왕	왕세자		**Crown Prince** 크라운 프린스
103	황	황제, 제왕	명	**emperor** [émpərər] 엠퍼러
104	산	산책하러 가다		**go for a walk** 고우 뽀 러 워크
105	벌	벌브, 전구, 구근	명	**bulb** [bʌlb] 벌브
106	의	의당, 당연히, 마땅히, 정당하게, 온당하게	부	**properly** [prápərli] 프라펄리
107	계	계속하다, 지속하다	동	**continue** [kəntínjuː] 컨티뉴-
108	백	백티리어, 박테리아, 세균, 세균류	명	**bacteria** [bæktíəriə] 백티리어
109	맞	맞추다, 조정하다, 정비하다	동	**adjust** [ədʒʌ́st] 어저스트

110	서	서버, 봉사자, 급사	명	**server** [sə́:rvə:r] 서-버
111	싸	싸우는 사람, 투사, 전투원, 전투기	명	**fighter** [fáitər] 빠이러
112	운	운드, 부상, 상처, 고통, 타격	명	**wound** [wu:nd] 우-운드
113	관	관습, 풍습, 관행, 관례	명	**custom** [kʌ́stəm] 커스텀
114	창	창문, 창유리, 진열창	명	**window** [wíndou] 윈도우
115	역	역할, 의무, 임무, 직무, 본분	명	**duty** [djú:ti] 듀-디
116	사	사이, 한숨 쉬다, 탄식하다	동	**sigh** [sai] 사이
117	는	언랩, 포장을 풀다, 끄르다	동	**unwrap** [ʌnrǽp] 언랩
118	흐	흐린, 구름의, 탁한, 구름 같은	형	**cloudy** [kláudi] 클라우디
119	른	언뻬어, 공정치 못한, 부당한	형	**unfair** [ʌnfέər] 언뻬어
120	다	다이, 물감, 염료, 색깔	명	**dye** [dai] 다이

7 한국을 빛낸 100인 2절

1	말	말하다, 이야기하다, 의논하다	동	**talk** [tɔːk] 토-크
2	목	목소리, 발언, 음성, 표현, 의견	명	**voice** [vɔis] 보이스
3	자	자유, 자주 독립, 해방, 해제	명	**freedom** [fríːdəm] 쁘리-덤
4	른	언이븐, 고르지 않은, 평평하지 않은	형	**uneven** [ʌníːvən] 언이-븐
5	김	김빠진, 맛없는, 취미 없는, 품위 없는	형	**tasteless** [teistlis] 테이스틀리스
6	유	유너버스, 우주, 만유, 만물, 삼라만상, 전 세계	명	**universe** [júːnəvə̀ːrs] 유-너버-스
7	신	신비, 불가사의, 비밀, 비결	명	**mystery** [míst-əri] 미스트리
8	통	통치자, 주권자, 지배자	명	**ruler** [rúːləːr] 루-울러-
9	일	일니스, 병, 아픔, 발병	명	**illness** [il-nis] 일리스
10	문	문학, 문헌, 문예	명	**literature** [lítərətʃər] 리터러처

11	무	무릎을 꿇다, 굴복하다	동	**kneel** [ni:l] 니-일
12	왕	왕, 군주, 주권자, 제왕	명	**monarch** [mánərk] 마너크
13	원	원더쁠, 놀랄만한, 훌륭한	형	**wonderful** [wʌ́ndəːrfəl] 원더쁠
14	효	효율, 능률, 효용, 유효성	명	**utility** [juːtíləti] 유-틸러리
15	대	대그, 단도, 칼	명	**dagger** [dǽgər] 대거
16	사	사운드, 소리, 음향, 음성, 울림	명	**sound** [saund] 사운드
17	해	해비탯, 서식지, 번식지, 산지, 거주지	명	**habitat** [hǽbətæt] 해버탯
18	골	골짜기, 계곡	명	**valley** [vǽli] 밸리
19	물	물질, 문제, 일, 사정, 물체, 내용	명	**matter** [mǽtəːr] 매러-
20	혜	혜택, 이익, 이득, 은혜, 은전	명	**benefit** [bénəfit] 베너삐트
21	초	초크, 분필, 색분필	명	**chalk** [tʃɔ:k] 초-크

22	천	천만의 말씀 (Thank you에 대한 답으로)		You're welcome! 유어웰컴
23	축	축하, 경하, 축사	명	congratulation [kəngrǽtʃəléiʃən] 컨그래철레이션
24	국	국가, 국민, 민족, 종족	명	nation [néiʃən] 네이션
25	바	바이블, 성경, 성서	명	Bible [báibəl] 바이블
26	다	다이닝, 식사, 정찬(오찬·만찬)	명	dining [dáiniŋ] 다이닝
27	의	의식하고 있는, 깨닫고 있는, 알고 있는	형	aware [əwέər] 어웨어
28	왕	왕국, 왕토, 왕령, 영역, 왕정	명	kingdom [kíŋdəm] 킹덤
29	자	자유로운, 속박 없는, 편견 없는, 얽매이지 않는	형	free [fri:] 쁘리-
30	장	장교, 사관, 공무원, 관리	명	officer [ɔ́(ː)fisər] 오(-)삐서
31	보	보우트, 투표, 표결, 투표권	명	vote [vout] 보우트
32	고	고도, 높이, 해발, 수위(水位), 표고	명	altitude [ǽltətjùːd] 앨터튜-드

33	발	발룬티어, 지원자, 지원병	명	volunteer [vὰləntíər] 발런티어
34	해	해드 베러, 하는 편이 더 낫다, ~하는 편이 더 좋다 ; You had better stay home. 너는 집에 머무는 게 더 낫다.		had better ~ 해드 베러
35	대	대스 투 배드, 참 안됐군요!, 정말 유감입니다.		That's too bad. 대쓰 투 배드
36	조	조그, 조깅하다, 천천히 달리다	동	jog [dʒɔg, dʒɑg] 조그, 자그
37	영	영국인 ; 영국의, 영국 국민의	명	British [brítiʃ] 브리티시
38	귀	귀중한, 귀한, 소중한, 값비싼	형	valuable [vǽljuːəbəl] 밸류-어블
39	주	주말, 주말휴가	명	weekend [wíːkènd] 위-켄드
40	대	대문자, 머리글자, 수도, 자본	명	capital [kǽpitl] 캐피를
41	첩	첩자, 간첩, 밀정, 탐정, 정찰	명	spy [spai] 스빠이
42	강	강한, 강대한, 유력한, 굳센	형	strong [strɔ(ː)ŋ] 스뜨로(-)옹

Part II 나라사랑 ②

43	감	감각, 느낌, 의미, 오감	명	sense [sens] 센스
44	찬	찬스, 우연, 우연한 일, 운, 기회	명	chance [tʃɑːns, tʃæns] 차-안스, 챈스
45	서	서머, 여름, 여름철, 한창때, 전성기	명	summer [sʌ́mər] 서머
46	희	히스토리언, 역사가, 사학자, 사학 전공자	명	historian [histɔ́ːriən] 히스토-리언
47	거	거대한, 막대한, 어마어마한	형	huge [hjuːʤ] 휴-지
48	란	안전벨트, 구명대		safety belt 세이쁘디 벨트
49	족	족장, 우두머리, 추장	명	chief [tʃiːf] 치-쁘
50	무	무덤, 묘, 묘비, 뫼	명	tomb [tuːm] 투-움
51	단	단단한, 빈틈없는, 팽팽한, 몸에 꼭 맞는	형	tight [tait] 타이트
52	정	정책, 방침, 경영법, 관리법	명	policy [pɑ́ləsi] 팔러시
53	치	치잎, 싼, 값이 싼, 시시한	형	cheap [tʃiːp] 치-잎

54	정	정도, 등급, 단계, 계급	명	**degree** [digríː] 디그리-
55	중	중력, 지구인력, 중량, 무게, 중대함	명	**gravity** [grǽvəti] 그래버리
56	부	부드러운, 유연한, 온화한, 너그러운	형	**soft** [sɔ(ː)ft] 소(-)쁘트
57	화	화랑, 미술관, 경매장, 전시실	명	**gallery** [gǽləri] 갤러리
58	포	포우잇, 시인, 가인, 시적 재능을 가진 사람	명	**poet** [póuit] 포우잇
59	최	최선을 다하다		**try one's best** 츠라이 완즈 베스트
60	무	무엇, 어떤 것	대	**what** [hwɑt] 왓
61	선	선빔, 일광, 광선, 햇살	명	**sunbeam** [sʌ́nbìːm] 선비-임
62	죽	죽이다, 살해하다, 학살하다	동	**slay** [slei] 슬레이
63	림	림, 수족, 손발, 사지	명	**limb** [lim] 림
64	칠	칠드런, 아이들, child의 복수형	명	**children** [tʃíldrən] 칠드런

65	현	현금, 현찰, 돈, 즉시불, 현물	명	**cash** [kæʃ] 캐시
66	김	김매다, 잡초를 제거하다	동	**weed** [wi:d] 위-드
67	부	부점, 가슴, 흉부, 품, 가슴속	명	**bosom** [búzəm] 부점
68	식	식, 병의, 병에 걸린, 핼쑥한	형	**sick** [sik] 식
69	지	지너스, 종류, 부류, 속	명	**genus** [dʒí:nəs] 지-너스
70	눌	눌러버리다, 제압하다, 무력화시키다	동	**overpower** [òuvərpáuər] 오우버파우어
71	국	국제의, 국제적인, 만국의	형	**international** [ìntərnǽʃənəl] 인터내셔늘
72	사	사이트, 광경, 시각, 조망	명	**sight** [sait] 사이트
73	조	조이, 기쁨, 환희, 기쁨의 상태, 행복	명	**joy** [dʒɔi] 조이
74	계	계절, 철, 시즌, 한창 때	명	**season** [síːz-ən] 시-즌
75	종	종종, 자주, 가끔, 왕왕	부	**often** [ɔ́(ː)ftən] 오(-)쁜

76	의	의료보험		medical service 메디컬 서비스
77	천	천, 헝겊, 직물, 양복감	명	cloth [klɔ(ː)θ] 클로(-)뜨
78	천	천천히, 느리게, 완만하게	부	slowly [slóuli] 슬로울리
79	태	태그, 표, 꼬리표, 번호표	명	tag [tæg] 태그
80	종	종이, 신문, 서류, 문서, 기록	명	paper [péipər] 페이퍼
81	대	대개, 일반적으로, 보통, 대체로, 널리, 전반적으로	부	generally [ʤénərəli] 제너럴리
82	마	마감시간이 언제입니까? 언제까지 끝내야 합니까?		When is the due date? 웬 이즈 더 듀 데이트
83	도	도착하자마자 연락해,		Call me as soon as you get there. 콜 미 애즈 수운 애즈 유 겟 데어
84	정	정리, 정돈, 배열, 배합, 조정, 조절	명	arrangement [əréindʒmənt] 어레인지먼트
85	벌	벌크, 크기, 부피, 용적	명	bulk [bʌlk] 벌크
86	이	이카너미, 절약, 경제, 경제학	명	economy [ikánəmi] 이카너미

87	종	종류, 등급, 학급, 수업	명	class [klæs] 클래스
88	무	무게, 중량, 체중, 비만	명	weight [weit] 웨이트
89	일	일렉션, 선거, 투표, 표결	명	election [ilékʃən] 일렉션
90	편	편견, 선입관, 편애, 치우친 생각	명	prejudice [prédʒudis] 프레유디스
91	단	단, 달콤한, 당분이 있는, 감미로운	형	sweet [swiːt] 스위-트
92	심	심, ~으로 보이다, ~인 것 같다, ~으로 생각되다	동	seem [siːm] 시-임
93	정	정확히, 바로, 틀림없이, 꼭	부	just [dʒʌst] 저스트
94	몽	몽둥이, 곤봉, 클럽	명	club [klʌb] 클럽
95	주	주요한, 주된, 중요한	형	main [mein] 메인
96	목	목, 막, 조롱하다, 놀리다, 흉내 내다, 모방하다	동	mock [mɔ(ː)k / mɑk] 목, 막
97	화	화학의, 화학상의, 화학적인	형	chemical [kémikəl] 케미클

98	씨	**씨스터**, 여자 형제, 자매, 언니, 동생	명	**sister** [sístəːr] 시스터–
99	는	**언트루**, 진실이 아닌, 허위의	형	**untrue** [ʌntrúː] 언츠루–
100	문	**문라이트**, 달빛	명	**moonlight** [múːnlàit] 무–운라이트
101	익	**익스체인지**, 교환, 주고받기, 교환물 ; 교환하다, 바꾸다	명	**exchange** [ikstʃéindʒ] 익스체인지
102	점	**점퍼**, 잠바, 작업용 상의	명	**jumper** [dʒʌ́mpər] 점퍼
103	해	**해필리**, 행복하게, 운 좋게, 즐겁게, 다행히	부	**happily** [hǽpili] 해필리
104	동	**동그란 지붕**, 둥근 천장	명	**dome** [doum] 도움
105	공	**공동**, 협력, 협동, 제휴	명	**cooperation** [kouɑ̀pəréiʃən] 코우아퍼레이션
106	자	**자랑할 만한**, 거만한, 뽐내는, 잘난 체하는	형	**proud** [praud] 프라우드
107	최	**최악으로**, 가장 나쁜 것은		**worst of all** 워스트 어브 얼
108	충	**충격**, 진동, 타격, 충격적 사건	명	**shock** [ʃɑk / ʃɔk] 샤크, 쇼크

109	삼	삼각형, 트라이앵글	명	**triangle** [trɑ́iæŋgəl] 츠라이앵글
110	국	국, 수프, 고깃국(물)	명	**soup** [su:p] 수–프
111	유	유니크, 유일한, 하나밖에 없는, 독특한	형	**unique** [ju:ní:k] 유–니–크
112	사	사이트, 위치, 장소, 용지, 집터, 유적	명	**site** [sait] 사이트
113	일	일리글, 불법의, 비합법적인	형	**illegal** [illí:gəl] 일리–글
114	연	연안, 해안	명	**coast** [koust] 코우스트
115	역	역시, 또한, 똑같이	부	**also** [ɔ́:lsou] 어–얼소우
116	사	사이즈, 크기, 넓이, 치수	명	**size** [saiz] 사이즈
117	는	언리얼, 진실이 아닌, 비현실적인, 실재하지 않는, 가공의	형	**unreal** [ʌnrí:əl] 언리–얼
118	흐	흐름, 시내, 개울, 조류	명	**stream** [stri:m] 스뜨리–임
119	른	언, (생활비를) 벌다, 받다, 획득하다	동	**earn** [ə:rn] 어–언
120	다	다급해 하지 마, 서두르지 마, 덤비지 마.		**Don't hurry.** 도운 워리

Part II 노래사랑 ②

8 한국을 빛낸 100인 3절

1	황	황색, 노랑 ; 노란색의	명	**yellow** [jélou] 엘로우
2	금	금빛의, 황금빛의, 귀중한	형	**golden** [góuldən] 고울든
3	을	얼티메이트, 최후의, 마지막의, 궁극의	형	**ultimate** [ʌ́ltəmit] 얼터미트
4	보	보드, 널, 판자, 받침	명	**board** [bɔːrd] 보-드
5	기	기록, 기입, 등록, 성적	명	**record** [rékərd] 레커-드
6	를	얼리, 일찍이, 일찍부터, 초기에, 어릴 적에	부	**early** [ə́ːrli] 어-얼리
7	돌	돌리, 달리, 인형, 각시, 매력적인 처녀, 여자	명	**dolly** [dóli / dáli] 돌리
8	같	같은, 동일한, 마찬가지의	형	**same** [seim] 세임
9	이	이스튼, 동쪽의, 동(쪽)으로의, 동양풍의	형	**eastern** [íːstərn] 이-스턴
10	하	하스피틀, 병원	명	**hospital** [háspitl] 하스피플

11	라	라운드, 둥근 원, 원형, 고리, 구 ; 둥근, 원형의	명	round [raund] 라운드
12	최	최악의, 가장 나쁜	형	worst [wə:rst] 워-스트
13	영	영리, 이익, 수익, 이윤, 소득	명	profit [práfit] 프라삣
14	장	장식, 장식물, 훈장 ; interior decoration 실내장식	명	decoration [dèkəréiʃən] 데커레이션
15	군	군대, 군 ; 군대의. 군의	명	military [mílitèri] 밀리테리
16	의	의장, 사회자, 회장, 위원장	명	chairman [tʃéərmən] 체어멘
17	말	말하는 사람, 강연자, 연설자	명	speaker [spí:kə:r] 스삐-커-
18	썸	썸원, 누군가, 어떤 사람	대	someone [sʌ́mwʌ̀n] 섬원
19	받	받드는 사람, 지지자, 옹호자	명	supporter [səpɔ́:rtər] 서포-터
20	들	들어가다, 가입하다, 시작하다	동	enter [éntər] 엔터
21	자	자러 가는 시간이 몇 시니? 몇 시에 잠자니?		What time do you go to bed? 왓 타임 두 유 고우 터 베드

22	황	황무지, 불모의 땅, 황폐지역	명	**wasteland** [wéistlæ̀nd] 웨이스틀랜드
23	희	희어, 듣다, 귀 기울이다	동	**hear** [hiər] 히어
24	정	정확한, 옳은, 올바른	형	**correct** [kərékt] 커렉트
25	승	승리, 전승, 승전	명	**victory** [víktəri] 빅터리
26	맹	맹목적인, 눈먼, 분별없는	형	**blind** [blaind] 블라인드
27	사	사우뜨워드, 남쪽으로, 남부로 ; 남부, 남쪽	부	**southward** [sáuəwəːrd] 사우뜨워-드
28	성	성분, 요소, 구성분자, 원소	명	**element** [éləmənt] 엘러먼트
29	과	과일, 실과, 성과, 수확	명	**fruit** [fruːt] 쁘루-트
30	학	학자, 학식이 있는 사람, 장학생, 특대생	명	**scholar** [skáləːr] 스깔러
31	장	장, 단원, 한 시기, 화제	명	**chapter** [tʃǽptər] 챕터
32	영	영거, 연하, 젊은이	명	**younger** [jʌ́ŋgəːr] 영거

33	실	실, 바다표범, 물개	명	**seal** [siːl] 시-일
34	신	신문, 신문지, 신문사	명	**newspaper** [njúːzpèipəːr] 뉴-즈페이퍼-
35	숙	숙녀, 여성, 귀부인	명	**lady** [léidi] 레이디
36	주	주리, 배심, 심사원	명	**jury** [dʒúəri] 주리
37	와	와이 돈 츄 애스크 유어 티처? 선생님께 여쭈어보지 그래?		**Why don't you ask your teacher?** 와이 도운츄 애스크 유어 티처
38	한	한국인, 한국어 ; 한국의	명	**Korean** [kəríːən] 커리-언
39	명	명성, 명예, 평판	명	**fame** [feim] 뻬임
40	회	회사, 상사, 상회, 조합	명	**company** [kʌ́mpəni] 컴퍼니
41	역	역설, 패러독스, 앞뒤가 맞지 않는 일	명	**paradox** [pǽrədàks] 패러닥스
42	사	사인, 기호, 신호, 손짓, 몸짓	명	**sign** [sain] 사인
43	는	언더고우, 겪다, 경험하다, 당하다, 견디다	동	**undergo** [ʌ̀ndərgóu] 언더고우

44	안	안락한, 기분 좋은, 편한, 위안의	형	**comfortable** [kʌ́mfərtəbəl] 캄-뻐터블
45	다	다인, 저녁식사를 하다, 정찬을 들다	동	**dine** [dain] 다인
46	십	십자가, 십자형, 수난, 고난, 시련	명	**cross** [krɔːs] 크로-스
47	만	만연된, 널리 보급된, 광범위한, 넓게 퍼진, 대폭적인	형	**widespread** [wáidspréd 와이드스프레드
48	양	양, 분량, 수량, 다량, 많음	명	**quantity** [kwántəti] 콴터디
49	병	병, 질병, 퇴폐, 불건전	명	**disease** [dizíːz] 디지-즈
50	이	이카너미스트, 이코노미스트, 경제학자, 경제전문가	명	**economist** [ikánəmist / -kɔ́n-] 이카너미스트
51	율	율동, 리듬, 음률, 운율, 주기적 반복	명	**rhythm** [ríð-əm] 리듬
52	곡	곡물, 곡류, 곡식	명	**cereal** [síəriəl] 시리얼
53	주	주다, 공급하다, 준비하다	동	**provide** [prəváid] 프라바이드
54	리	리뷰, 복습, 재검토, 재조사	명	**review** [rivjúː] 리뷰-

55	이	이매진, 상상하다, 추측하다, 짐작하다, 생각하다	동	imagine [imǽdʒin] 이매진
56	퇴	퇴비, 비료, 거름, 화학비료	명	fertilizer [fɔ́ːrtəlàizər] 뻐-를라이저
57	계	계획, 플랜, 안, 계략	명	plan [plǽn] 플랜
58	신	신이컬, 시니컬, 냉소적인, 비꼬는	형	cynical [sínikəl] 시니클
59	사	사일런틀리, 잠자코, 고요히, 조용히	부	silently [sáiləntli] 사일런뜰리
60	임	임포튼스, 중요성, 중대성, 유력	명	importance [impɔ́ːrtəns] 임포-튼스
61	당	당근, 설득의 수단, 미끼, 포상	명	carrot [kǽrət] 캐럿
62	오	오더, 순서, 서열, 석차, 어순	명	order [ɔ́ːrdər] 오-더
63	죽	죽다, 끝나다, 경과하다, 소멸하다		pass away 패스 어웨이
64	헌	헌터, 사냥꾼, 사냥개, 탐구자	명	hunter [hʌ́ntər] 헌터
65	잘	잘생긴, 단정한, 풍채가 좋은	형	handsome [hǽnsəm] 핸섬

66	싸	싸우다, 전투하다, 서로치고 받다	동	**fight** [fait] 빠이트
67	운	운동, 선거운동, 사회운동, 유세, 캠페인	명	**campaign** [kæmpéin] 캠페인
68	다	다이렉트, 직접의, 곧장 나아가는	형	**direct** [dairékt] 다이렉트
69	곽	과거, 지나간, 과거의, 이미 없어진	형	**past** [pæst] 패스트
70	재	재뉴어리, 1월	명	**January** [dʒǽnjuèri] 재뉴에리
71	우	우기다, 주장하다, 고집하다, 단언하다	동	**insist** [insíst] 인시스트
72	조	조크, 농담, 익살	명	**joke** [dʒouk] 조우크
73	헌	헌트, 사냥하다, 추적하다, 쫓아내다	동	**hunt** [hʌnt] 헌트
74	김	김, 청태	명	**laver** [léivə:r] 레이버–
75	시	시, 보다, 바라보다	동	**see** [si:] 시–
76	민	민즈, 수단, 방법, 기관	명	**means** [mi:nz] 미–인즈

77	나	나타나다, 드러내다, 폭로하다		show up 쇼우 업
78	라	라우즈, 깨우다, 일으키다, 의식을 회복시키다	동	rouse [rauz] 라우즈
79	구	구즈, 물건, 물품, 상품, 재산	명	goods [gudz] 구즈
80	한	한 쌍의, 한 벌의, 한 켤레의 ; a pair of shoes 구두 한 켤레		a pair of ~ 어페어러브
81	이	이제 네 차례야.		It 's your turn now. 이쯔 유어 터언 나우
82	순	순, 곧, 이윽고, 이내	부	soon [suːn] 수-운
83	신	신택스, 구문, 구문론, 통어법	명	syntax [síntæks] 신택스
84	태	태아, 눈, 싹, 움	명	embryo [émbriòu] 엠브리오우
85	정	정보, 통지, 전달, 지식	명	information [ìnfərméiʃən] 인뻐메이션
86	태	태클, 달려들다, 달라붙다	동	tackle [tǽk-əl] 태클
87	세	세드, 언급된, 진술된	형	said [sed] 세드

88	문	문제, 의문, 연습문제, 귀찮은 일	명	**problem** [prábləm] 프라블럼
89	단	단 하나의, 혼자의, 한결같은	형	**single** [síng-əl] 싱글
90	세	세브럴, 몇몇의, 몇 개의	형	**several** [sév-ərəl] 세버럴
91	사	사이어, 아버지, 조상, 창시자, 폐하, 전하	명	**sire** [saiə:r] 사이어–
92	육	육체의, 신체의, 물질의, 물리학의	형	**physical** [fízikəl] 삐지클
93	신	신랑	명	**bridegroom** [bráidgrù(:)m] 브라이드그루–움
94	과	과정, 진행, 경과, 처리	명	**process** [práses] 프라세스
95	생	생기다, 일어나다, 발생하다, 떠오르다, 생각나다	동	**occur** [əkə́:r] 어커–
96	육	육안의, 보이는, 눈으로 볼 수 있는, 명백한	형	**visible** [vízəbəl] 비저블
97	신	신시어, 성실한, 진실한, 충심으로의, 거짓 없는	형	**sincere** [sinsíə:r] 신시어–
98	몸	몸가짐, 행동, 행실, 품행, 태도	명	**behavior** [bihéivjər] 비헤이벼

99	바	바운드, 튀다, 되튀다	동	**bound** [baund] 바운드
100	쳐	쳐치야드, 묘지(교회 부속의), 교회 경내	명	**churchyard** [tʃəːrtʃ-jɑːrd] 쳐-치야-드
101	서	서븐트, 하인, 고용인, 봉사자, 부하	명	**servant** [sə́ːrv-ənt] 서-븐트
102	논	논술, 진술, 서술, 서술문	명	**statement** [stéitmənt] 스테잇먼트
103	개	개인적 자유, 사적 자유, 사생활, 프라이버시	명	**privacy** [práivəsi] 프라이버시
104	행	행운, 운, 운수, 요행	명	**luck** [lʌk] 럭
105	주	주요한, 큰 쪽의, 보다 많은	형	**major** [méidʒəːr] 메이저-
106	치	치어, 환호, 갈채, 만세	명	**cheer** [tʃiər] 치어
107	마	마운틴, 산	명	**mountain** [máunt-ən] 마운튼
108	권	권위자, 전문가, 전공자, 전문지식인	명	**specialist** [spéʃəlist] 스뻬셜리스트
109	율	율, 비율, 가격, 시세, 요금, 사용료	명	**rate** [reit] 레이트

110	역	역할, 배역 ; play an important role 중요한 역할을 하다	명	role [roul] 로울
111	사	사고, 재난, 재해, 우연한 사고	명	accident [æksidənt] 액시던트
112	는	언노티스트, 주목되지 않는, 주의를 끌지 않는	형	unnoticed [ʌnnóutist] 언노우티스트
113	흐	흐트러뜨리다, 흩뿌리다, 뿔뿔이 흩어지게 하다	동	scatter [skǽtə:r] 스깨러-
114	른	언라이크, 닮지 않은, 다른	형	unlike [ʌnláik] 언라이크
115	다	다치게 하다, 상처를 입히다, 손상시키다, 훼손하다	동	injure [índʒər] 인저

9 한국을 빛낸 100인 4절

1	번	번치, 다발, 송이	명	**bunch** [bʌntʃ] 번치
2	쩍	적, 상대, 대항자, 경쟁자	명	**opponent** [əpóunənt] 어포우는트
3	번	번들, 묶음, 묶은 것, 꾸러미	명	**bundle** [bʌ́ndl] 번들
4	쩍	적당한, 상당한, 어울리는, 알맞은	형	**suitable** [súːtəbəl] 수-더블
5	홍	홍수, 큰물, 범람	명	**flood** [flʌd] 쁠러드
6	길	길, 아가미, 주름	명	**gill** [gil] 길
7	동	동료, 함께 일하는 친구	명	**co-worker** [kouwə́ːrkəːr] 코우워-커-
8	의	의문, 의심, 질문, 문제, 물음	명	**question** [kwéstʃən] 퀘스천
9	적	적당한, 타당한, 고유의	형	**proper** [prápər] 프라퍼
10	임	임포턴트, 중요한, 유력한	형	**important** [impɔ́ːrtənt] 임포-튼트

11	껵	꺾다, 단념시키다, 낙담시키다, 저지하다	동	**discourage** [diskə́:ridʒ] 디스커-리지
12	정	정말 놀라운 데! 정말 대단해!		**What a surprise!** 와 러 서프라이즈
13	대	대쓰 투 배드, 그것 참 안됐군! 그것 참 유감인 걸!		**That's too bad!** 대쓰 투 배드
14	쪽	쪽지, 짧은 편지	명	**note** [nout] 노우트
15	같	같은, 유사한, 비슷한, 닮은, 동일한	형	**similar** [símələ:r] 시멀러-
16	은	언뻬어, 공정하지 않은, 부당한, 부정한, 불공정한	형	**unfair** [ʌnféər] 언뻬어
17	삼	삼자, 제삼자, 관련 없는 사람	명	**outsider** [àutsáidər] 아웃사이더
18	학	학자, 학식 있는 사람, 장학생, 특대생	명	**scholar** [skálə:r] 스깔러-
19	사	사이트, 인용하다, 인증하다	동	**cite** [sait] 사이트
20	어	어보브, 위쪽에, 위에, 상위에	부	**above** [əbʌ́v] 어보브
21	사	사이칼러지, 심리학, 심리(상태)	명	**psychology** [saikálədʒi] 사이칼러지

22	박	박스, 상자	명	**box** [bɑks] 박스
23	문	문, 달	명	**moon** [muːn] 무-운
24	수	**수트**, 소송, 청원, 탄원, 상하 한 벌의 여성복	명	**suit** [suːt] 수-트
25	삼	삼, 찬송가, 성가, 시편, 성시	명	**psalm** [sɑːm] 사-암
26	년	연, 솔개, 사기꾼	명	**kite** [kait] 카이트
27	공	공급, 지급, 배급, 보급 ; 공급하다, 지급하다	명	**supply** [səplái] 서플라이
28	부	부츠, 장화, 부츠, 목이 긴 구두	명	**boot** [buːt] 부-츠
29	한	한 번 더		**one more time** 완 모어 타임
30	석	석, 빨아먹다, 핥아 먹다	동	**suck** [sʌk] 석
31	봉	봉사, 수고, 공헌, 돌봄, 도움	명	**service** [sə́ːrvis] 서-비스
32	단	단지, 항아리, 원통형 그릇	명	**pot** [pɑt] 팟

Part II 나라사랑 ②

33	원	원더, 불가사의, 놀라움	명	**wonder** [wʌ́ndəːr] 원더-
34	풍	풍문, 소문, 세평, 풍설	명	**rumor** [rúːməːr] 루-머-
35	속	속담, 격언, 말, 말하기	명	**saying** [séiiŋ] 세잉
36	도	도네이터, 기부자, 기증자	명	**donator** [dóuneitər] 도우네이러
37	방	방과 후		**after school** 애쁘터 스꾸-울
38	랑	양갚음, 보복, 복수, 분풀이, 원한	명	**revenge** [rivéndʒ] 리벤지
39	시	시티, 도시, 도회, 시	명	**city** [síti] 시디
40	인	인덱스 핑거, 집게손가락	명	**index finger** 인덱스 삥거
41	김	김포공항 가는 버스 어디서 타죠?		**Where can I take a bus to Kimpo airport?** 웨어켄아 테이크 버스 투 김포에어포트
42	삿	삿대, 막대, 장대, 기둥, 지주	명	**pole** [poul] 포울
43	갓	갓, 하나님, 신, 조물주	명	**God** [gɑd] 갓

44	지	지도자, 조언자, 스승, 은사	명	**mentor** [méntər] 멘터
45	도	도와 드릴까요?		**Can[May] I help you?** 캔[메이] 아 헬프 유
46	김	김, 잡초	명	**weed** [wiːd] 위-드
47	정	정션, 연합, 접합, 교차점, 접합점	명	**junction** [dʒʌ́ŋkʃən] 정션
48	호	호스, 말	명	**horse** [hɔːrs] 호-스
49	영	영, 영혼, 정신, 마음	명	**spirit** [spírit] 스삐릿
50	조	조인, 합류하다, 결합하다, 가입하다	동	**join** [dʒɔin] 조인
51	대	대화, 회화, 대담	명	**conversation** [kànvərséiʃən] 칸버세이션
52	왕	왕복운행열차, 버스	명	**shuttle** [ʃʌ́tl] 셔틀
53	신	신드롬, 증후군, 일련의 징후	명	**syndrome** [síndroum] 신드로움
54	문	문장, 글, 판정, 판결, 선고	명	**sentence** [séntəns] 센튼스

55	고	고향, 출생지, 주된 거주지	명	**hometown** [hóum-táun] 호움타운
56	정	정말, 진실, 정직, 사실, 진실성, 진실임	명	**truth** [truːθ] 츠루-뜨
57	조	조각, 단편, 일부, 부분, 부분품	명	**piece** [piːs] 피-스
58	규	규모, 장치, 눈금, 저울눈, 척도	명	**scale** [skeil] 스께일
59	장	장소, 곳, 지역, 지방	명	**place** [pleis] 플레이스
60	각	각각의, 각자의 ; 저마다, 제각기, 각자	형	**each** [iːʧ] 이치
61	목	목걸이	명	**necklace** [néklis] 네끌리스
62	민	민, 야비한, 비열한	형	**mean** [miːn] 미-인
63	심	심플리, 간단히, 솔직히	부	**simply** [símpli] 심플리
64	서	서니, 태양의, 양지바른	형	**sunny** [sʌ́ni] 서니
65	정	정크, 쓰레기, 잡동사니	명	**junk** [dʒʌŋk] 정크

66	약	약, 약물, 내복약, 의학	명	**medicine** [médəs-ən] 메더슨
67	용	용감한, 훌륭한, 화려한, 멋진	형	**brave** [breiv] 브레이브
68	녹	녹, 낙, 노크, 두드리다, 치다, 부딪치다, 충돌하다	동	**knock** [nɔk, nɑk] 녹, 낙
69	두	두다, 놓다, 배치하다, 세우다	동	**set** [set] 셋
70	장	장, 두령, 지도자, 대위	명	**captain** [kǽptin] 캡틴
71	군	군대, 병력, 떼, 무리	명	**troop** [tru:p] 츠루-프
72	전	전달, 통신, 교통, 의사소통	명	**communication** [kəmjù:nəkéiʃən] 커뮤-너케이션
73	봉	봉투, 싸개, 덮개, 가리개	명	**envelope** [énvəlòup] 엔벌로우프
74	준	준, 6월	명	**June** [dʒu:n] 주-운
75	순	순수한, 맑은, 깨끗한, 청순한	형	**pure** [pjuər] 퓨어
76	교	교수, 교사, 전문가	명	**professor** [prəfésər] 프러뻬서

77	김	김을 뿜다, 증기를 뿜어내다		**give off steam** 기브 오쁘 스띠-임
78	대	대가, 명수, 거장, 달인, 숙련자, 주인	명	**master** [mǽstər, mάːstər] 매스터, 마-스터
79	건	건, 총, 소총, 엽총	명	**gun** [gʌn] 건
80	서	서브, 섬기다, 봉사하다	동	**serve** [səːrv] 서-브
81	화	화난, 성난, 화를 낸	형	**angry** [ǽŋgri] 앵그리
82	가	가지, 분지, 분파, 지류	명	**branch** [brǽntʃ] 브랜치
83	무	무빙 픽쳐, 영화		**moving picture** 무빙 픽쳐
84	황	황비, 왕비, 여제, 왕후	명	**empress** [émpris] 엠프리스
85	진	진, 바지	명	**jean** [dʒiːn] 지-인
86	이	이거, 열망하는, 간절히 바라는, 열심인	형	**eager** [íːgər] 이-거
87	못	못, 징, 손톱	명	**nail** [neil] 네일

88	살	살려내다, 구조하다, 구하다 ; 구조	동	**rescue** [réskjuː] 레스큐-
89	겟	겟, 얻다, 받다, 사다, 벌다	동	**get** [get] 겟
90	다	다시 한 번 말씀해 주세요. 뭐라고 하셨죠?		**Excuse me? =Pardon?** 익스큐즈 미 = 파든
91	홍	홍보		**PR(public relation)** 피알(퍼블릭 릴레이션)
92	경	경쟁, 경기, 경연, 논쟁	명	**contest** [kántest] 칸테스트
93	래	래비트, 토끼, 집토끼	명	**rabbit** [ræbit] 래비트
94	삼	삼가는, 절제하는, 온건한, 알맞은	형	**moderate** [mά-d-ərèit / mɔ́d-] 마드레이트
95	일	일어날 시간이야. 기상 시간이야.		**It's time to get up!** 이쯔 타임 투 겟 업
96	천	천국, 하늘, 낙원	명	**heaven** [hévən] 헤번
97	하	하우 두 유 두? 처음 뵙겠습니다.		**How do you do?** 하우 두 유 두
98	김	김, 수증기	명	**vapor** [véipər] 베이퍼

99	옥	옥토버, 10월	명	October [ɔktóubər] 옥토우버,
100	균	균, 세균, 병원균	명	germ [dʒəːrm] 저-엄
101	안	안뜰, 뜰, 궁전, 왕실	명	court [kɔːrt] 코-트
102	중	중간, 매개물, 매체, 수단	명	medium [míːdiəm] 미-디엄
103	근	근육, 힘줄, 완력, 압력	명	muscle [mʌs-əl] 머슬
104	은	언더, ~의 아래에, ~의 밑에	전	under [ʌndər] 언더
105	애	애니메이션, 만화, 생기, 활기	명	animation [ænəméiʃən] 애너메이션
106	국	국경, 경계, 변경, 테두리, 가장자리	명	border [bɔ́ːrdəːr] 보-더-
107	이	이미지, 모습, 모양, 상	명	image [ímidʒ] 이미지
108	완	완전한, 완벽한, 흠잡을 데 없는 ; 완성하다	형	complete [kəmplíːt] 컴플리-트
109	용	용수철, 스프링, 태엽	명	spring [spriŋ] 스쁘링

110	은	은화		silver coin 실버 코인
111	매	매드, 미친, 열광적인, 광적인	형	mad [mæd] 매드
112	국	외국인, 외인, 외래품	명	foreigner [fɔ́(ː)rinər] 뽀(-)리너-
113	역	역할놀이	명	role-play [roul-plei] 로울-플레이
114	사	사이언스, 과학, 자연과학	명	science [sáiəns] 사이언스
115	는	언저스트, 부정한, 불의한, 부조리한	형	unjust [ʌndʒʌ́st] 언저스트
116	흐	흐느끼다, 울다, 눈물 흘리다	동	weep [wiːp] 위-프
117	른	언유즈드, 쓰지 않은, 신품인, 익숙지 않은	형	unused [ʌnjúːzd] 언유-즈드
118	다	다이스, 주사위, 주사위놀이	명	dice [dais] 다이스

⑩ 한국을 빛낸 100인 5절

1	별	별, 항성	명	**star** [stɑːr] 스따-
2	헤	헤드매스터, 교장	명	**headmaster** [hed-mǽstəːr] 헤드매스터
3	는	언컨셔스, 모르는, 무의식의	형	**unconscious** [ʌnkánʃəs] 언칸셔스
4	밤	밤, 폭탄, 수류탄	명	**bomb** [bɑm] 밤
5	윤	윤리, 도덕, 교훈, 선행, 품행	명	**moral** [mɔ́(ː)r-əl] 모(-)럴
6	동	동, 구리, 동전, 동판	명	**copper** [kápər] 카퍼
7	주	주니어, 손아래의, 연소한, 후배의 ; 손아래, 후배	형	**junior** [dʒúːnjər] 주-녀
8	종	종류, 부류, 성질, 품질 ; 분류하다	명	**sort** [sɔːrt] 소-트
9	두	두 번, 2회, 두 배로	부	**twice** [twais] 트와이스
10	지	지팡이, 막대기, 단장, 방망이	명	**stick** [stik] 스틱

11	석	석세스, 성공, 성취, 좋은 결과	명	success [səksés] 석세스
12	영	영구히, 끊임없이, 언제나	부	forever [fərévə:r] 뻐레버–
13	삼	삼가, 절제, 조심, 신중	명	caution [kɔ́:ʃən] 코–션
14	십	십, 배, 함선, 돛배	명	ship [ʃip] 십
15	삼	삼림, 숲, 산림, 임야	명	forest [fɔ́(:)rist] 뽀(–)리스트
16	인	인센티브, 자극적인, 유발적인, 장려금, 자극, 유인	형	incentive [inséntiv] 인센티브
17	손	손가락	명	finger [fíŋɡər] 삥거
18	병	병, 술병	명	bottle [bátl] 바를
19	희	희어, 여기, 여기에	부	here [hiər] 히어
20	만	만들다, 제작하다, 건설하다	동	make [meik] 메익
21	세	세이크, 흔들다, 뒤흔들다	동	shake [ʃeik] 세이크

22	만	만스터, 괴물, 요괴	명	monster [mɑ́nstər] 만스터
23	세	세일즈맨, 판매원, 점원, 외판원	명	salesman [séilzmən] 세일즈먼
24	유	유브 갓 더 롱 넘버. 전화 잘못 하셨어요.		You've got the wrong number. 유브 갓 더 롱 넘버
25	관	관심, 흥미, 관심사, 이익	명	interest [íntərist] 인츠리스트
26	순	순수, 청정, 깨끗함, 청결, 맑음	명	purity [pjúərəti] 퓨러디
27	도	도메스틱, 가정의, 국내의, 길들인	형	domestic [douméstik] 도메스틱
28	산	산책하다		take a walk 테이커 워크
29	안	안경	명	glasses [glǽsiz] 글래시즈
30	창	창조하다, 창시하다, 창작하다, 만들다	동	create [kriéit] 크리에이트
31	호	호프, 희망, 기대, 가망	명	hope [houp] 호우프
32	어	어웨이, 멀리, 저쪽으로, 떨어져서	부	away [əwéi] 어웨이

33	린	린스, 헹굼, 가시기, 씻어내기 ; 헹구다	명	rinse [rins] 린스
34	이	이머전시, 비상사태, 위급, 위급한 경우	명	emergency [imə́ːrdʒənsi] 이머-전시
35	날	날랜, 빠른, 신속한, 순식간의	형	swift [swift] 스위쁘트
36	방	방과 후에 뭐할 거니?		What are you going to do after school? 와다유 고잉투두 애"브터 스꾸울
37	정	정지, 멈춤 ; 정지하다, 멈추다	명	stop [stɑp] 스땁
38	환	환경, 자연환경	명	environment [inváiərənmənt] 인바이런먼트
39	이	이치 아더, 서로, 상호		each other 이치 아더
40	수	수퍼스티션, 미신, 미신적 관습	명	superstition [sùːpərstíʃən] 수-퍼스티션
41	일	일렉트리스티, 전기, 전기학, 전류, 강한 흥분, 열광	명	electricity [ilèktrísəti] 일렉트리스티
42	과	과녁, 표적, 목표, 목적물	명	target [tɑ́ːrgit] 타-깃
43	심	심벌, 상징, 표상	명	symbol [símbbəl] 심블

Part II 나란시찾 ②

44	순	순간, 찰나, 단시간, 때, 기회, 중요성	명	**moment** [móumənt] 모우먼트
45	애	애드, 더하다, 가산하다, 증가하다, 합산하다	동	**add** [æd] 애드
46	장	장, 시장, 판로, 거래	명	**market** [má:rkit] 마-킷
47	군	군인, 병사, 용사	명	**soldier** [sóuldʒə:r] 소울저-
48	의	의논하다, 의견을 듣다	동	**consult** [kənsʌ́lt] 컨설트
49	아	아울렛, 배출구, 출구, 대리점, 판로	명	**outlet** [áutlet] 아웃렛
50	들	들판, 논, 농장, 농지, 농원	명	**farm** [fɑ:rm] 빠-암
51	김	김, 증기, 스팀, 수증기	명	**steam** [sti:m] 스띠-임
52	두	두뇌, 지력, 뇌	명	**brain** [brein] 브레인
53	환	한동안		**for a time** 뽀 러 타임
54	날	날씨, 일기, 기상	명	**weather** [wéðə:r] 웨더-

55	자	자라다, 성장하다, 일어나다, 발생하다	동	**grow** [grou] 그로우
56	꾸	꾸준한, 한결같은, 착실한	형	**steady** [stédi] 스떼디
57	나	나이트뽈, 해질녘, 황혼	명	**nightfall** [náitfɔ̀:l] 나잇뽀-올
58	이	이퀘이터, 적도, 주야 평분선	명	**equator** [ikwéitər] 이퀘이터
59	상	상식, 일반인 공통의 견해, 공통감각	명	**commonsense** [kámənséns] 카먼센스
60	황	황당한, 엉터리의, 불합리한	형	**absurd** [æbsə́:rd] 앱서-드
61	소	소일, 흙, 토양, 토질, 땅	명	**soil** [sɔil] 소일
62	그	그랜빠더, 할아버지	명	**grandfather** [grǽndfà:ðər] 그랜빠-더
63	림	림, 테두리, 가장자리, 테	명	**rim** [rim] 림
64	중	중고의, 헌, 사용된 ; a used car 중고차	형	**used** [ju:zd] 유-즈드
65	섭	섭머린, 잠수함, 해저동식물	명	**submarine** [sʌ́bmərì:n] 서버머리-인

66	역	역설, 강조 ; 역설하다, 강조하다	명	**stress** [stres] 스트레스
67	사	**사이언티스트**, 과학자	명	**scientist** [sáiəntist] 사이언티스트
68	는	**언인바이티드**, 초대받지 않은, 주제넘은	형	**uninvited** [ʌninváitid] 언인바이티드
69	흐	**흐르다**, 흘러나오다, 흘러지나가다, 흘러가다	동	**flow** [flou] 쁠로우
70	른	**언셀쀠쉬**, 이기적이지 않은, 욕심 없는	형	**unselfish** [ʌnsélfiʃ] 언셀쀠시
71	다	**다이얼로그**, 대화, 회화	명	**dialogue** [dáiəlɔ̀ːg] 다이얼로−그

11 독도는 우리 땅 1절

1	울	울림, 진동, 떨림, 흔들림	명 **vibration** [vaibréiʃən] 바이브레이션
2	릉	능력, 재능, 기량, 솜씨	명 **ability** [əbíləti] 어빌러리
3	도	도박 ; 도박을 하다	명 **gamble** [gǽmbəl] 갬블
4	동	동양, 동방, 동쪽하늘 ; (동쪽방향으로)향하다	명 **orient** [ɔ́:riənt] 오-리언트
5	남	남쪽의, 남쪽에 있는	형 **southern** [sʌ́ðəːrn] 서더-언
6	쪽	쪽, 페이지, 면	명 **page** [peidʒ] 페이지
7	배	배드, 나쁜, 악질의, 악성의	형 **bad** [bæd] 배드
8	길	길, 작은 길, 보도	명 **path** [pæθ] 패뜨
9	따	따르다, 따라가다, 지키다	동 **follow** [fálou] 빨로우
10	라	라이크, 좋아하다, 마음에 들다	동 **like** [laik] 라이크

11	이	이쁘션시, 능률, 능력, 효율, 유효성	명	**efficiency** [ifíʃənsi] 이쁘션시
12	백	백만, 다수, 무수	명	**million** [míljən] 밀련
13	리	리빙룸, 거실	명	**living room** 리빙 루-움
14	외	외국의, 외국산의, 외국풍의	형	**foreign** [fɔ́(ː)rin] 뽀(-)린
15	로	**로스트**, 굽다, 익히다, 불에 쬐다, 볶다, 덖다	동	**roast** [roust] 로우스트
16	운	운반할 수 있는, 휴대용의, 들고 다닐 수 있는	형	**portable** [pɔ́ːrtəbəl] 포-터블
17	섬	섬띵, 어떤 것, 무언가	대	**something** [sʌ́məiŋ] 섬띵
18	하	하비, 취미, 도락, 장기	명	**hobby** [hábi] 하비
19	나	**나타내다**, 보여주다, 제시하다	동	**show** [ʃou] 쇼우
20	새	새드, 슬픈, 슬픔에 잠긴	형	**sad** [sæd] 새드
21	들	들, 들판, 벌판, 논, 밭, 목초지	명	**field** [fiːld] 삐-일드

22	의	의붓아버지, 계부	명	stepfather [stépfɑ̀:ðə*r*] 스뗍빠-더-
23	고	고객, 손님, 단골, 거래처	명	customer [kʌ́stəmər] 카스터머
24	향	향수, 향기, 향료, 방향	명	perfume [pə́:rfjuːm] 퍼-쀼-움
25	그	그랜마더, 할머니	명	grandmother [grǽndmʌ̀ðər] 그랜마더
26	누	(전화 받을 때) 누구시죠?		Who is calling, please? 후이즈 콜링 플리-즈
27	가	가난한 사람들		the poor 더 푸어
28	아	아이템, 항목, 종목	명	item [áitəm] 아이텀
29	무	무엇을 도와 드릴까요?		What can I do for you? 와 켄 아이 두 뽀 유
30	리	리턴, 반환, 되돌림 ; 돌려주다	명	return [ritə́:rrn] 리터-언
31	자	자유로이, 마음대로, 아낌없이	부	freely [frí:li] 쁘리-일리
32	기	기계, 기계장치	명	machine [məʃíːn] 머시-인

Part II 나라사랑 ②

33	네	네이버후드, 이웃, 근처, 인근	명	**neighborhood** [néibərhùd] 네이버후드
34	땅	땅 하는 총소리	명	**bang** [bæŋ] 뱅
35	이	이레이즈, ~을 지우다, 말소하다, 삭제하다	동	**erase** [iréis / iréiz] 이레이즈
36	라	라이딩, 승마, 승차	명	**riding** [ráidiŋ] 라이딩
37	고	고르다, 골라잡다, 따다, 뜯다	동	**pick** [pik] 픽크
38	우	우려, 걱정 ; 걱정하다	명	**worry** [wə́ːri, wʌ́ri] 워-리
39	겨	겨냥하다, 겨누다, 목표삼다 ; 목표, 겨냥	동	**aim** [eim] 에임
40	도	도서관, 도서실, 서재, 서고	명	**library** [láibrèri] 라이브레리
41	독	독, 독물, 독약	명	**poison** [pɔ́izən] 포이즌
42	도	도즌, 더즌, 1다스, 12개	명	**dozen** [dʌ́zən] 도즌
43	는	언어트랙티브, 매력 없는, 아름답지 못한,	형	**unattractive** [ʌnətrǽktiv] 언어츠랙티브

44	우	우선권, 선취권, 선행권, 우선권, (시간·순서가) 앞[먼저]임	명	**priority** [praiɔ́(ː)rəti] 프라이오러디
45	리	리스크, 위험, 모험, 위험성	명	**risk** [risk] 리스크
46	땅	땅이 기름진, 비옥한, 다산의, 풍부한, 풍작의	형	**fertile** [fə́ːrtl / -tail] 뻐–를 / 뻐타일

12 독도는 우리 땅 2절

47	경	경우, 사례, 사정, 상황, 입장	명	**case** [keis] 케이스
48	상	상표, 상품의 이름	명	**brand** [brænd] 브랜드
49	북	북, 책, 책자, 서적, 저작	명	**book** [buk] 북
50	도	도우즈, 졸기, 선잠 ; 졸다, 꾸벅꾸벅 졸다	명	**doze** [douz] 도우즈
51	울	울쁘, 이리, 늑대	명	**wolf** [wulf] 울쁘
52	능	능력, 재능, 수용량, 수용능력	명	**capacity** [kəpǽsəti] 커패서리
53	군	군중, 대중, 민중, 무리	명	**mob** [mɑb / mɔb] 맙, 몹
54	남	남다, 남아 있다, 머무르다	동	**remain** [riméin] 리메인
55	면	면, 면목, 얼굴, 모습	명	**face** [feis] 뻬이스
56	도	도브, 비둘기	명	**dove** [dʌv] 도브
57	동	동물, 짐승, 네발짐승	명	**animal** [ǽnəməl] 애너믈

58	일	일렉트릭, 전기의, 전기를 띤	형	electric [iléktrik] 일렉츠릭
59	번	번트, 받기, 밀기 ; 밀다	명	bunt [bʌnt] 번트
60	지	지나간 자국, 흔적, 통로	명	track [træk] 츠랙
61	동	동경, 갈망, 열망 ; 동경하는, 간절히 바라는	명	longing [lɔ́(ː)ŋiŋ, láŋ-] 로-옹 잉
62	경	경쟁하다, ~에 필적하다, 맞붙게 하다, 조화시키다	동	match [mætʃ] 매치
63	백	백, 등, 잔등, 뒤	명	back [bæk] 백
64	삼	삼월	명	March [mɑːrtʃ] 마-치
65	십	십, 한 모금, 한번 마심 ; 홀짝이다	명	sip [sip] 십
66	이	이그잼, 시험	명	exam [igzǽm] 이그잼
67	북	북샵, 서점	명	bookshop [búkʃὰp] 북샵
68	위	위딘, ~안에, ~이내에	전	within [wiðín] 위딘

69	삼	삼키다, 꿀꺽 삼키다, 먹어치우다	동	**swallow** [swálou] 스왈로우
70	십	십년간, 10, 열 개 한 벌	명	**decade** [dékeid] 데케이드
71	칠	칠리, 차가운, <u>으스스한</u>, 냉담한, 쌀쌀한	형	**chilly** [tʃíli] 칠리
72	평	평균, 보통	명	**average** [ǽvəridʒ] 애브리지
73	균	균형, 평형, 평균	명	**balance** [bǽləns] 밸런스
74	기	기분 어떠세요?		**How do you feel?** 하우 두 유 삐일
75	온	온난, 따뜻하게 하기	명	**warming** [wɔ́ːrmiŋ] 워-밍
76	십	십억, 무수	명	**billion** [bíljən] 빌련
77	이	이그지스트, 존재하다, 실재하다, 현존하다	동	**exist** [igzíst] 이그지스트
78	도	도즈, 그 사람들, 그것들, 그 사물들	대	**those** [ðouz] 도우즈
79	강	강한, 강력한, 유력한, 우세한	형	**powerful** [páuərfəl] 파워뻘
80	수	수트케이스, 여행용 가방	명	**suitcase** [súːtkèis] 수-트케이스

81	량	양치는 사람, 목동	명	shepherd [ʃépə:rd] 셰퍼-드
82	은	언뻐밀려, 생소한, 익숙지 못한, 낯익지 않은	형	unfamiliar [ʌnfəmíljər] 언뻐밀려
83	천	천국, 낙원, 지상낙원	명	paradise [pǽrədàis] 패러다이스
84	삼	삼일연휴		three holidays in a row 뜨리 할러데이즈 이너로우
85	백	백야드, 뒤뜰	명	backyard [bǽkjɑ́:rd] 백야-드
86	독	독, 독물, 독약	명	poison [pɔ́izən] 포이즌
87	도	도즌, 더즌, 1다스, 12개	명	dozen [dʌ́zən] 도즌
88	는	언어트랙티브, 매력 없는, 아름답지 못한,	형	unattractive [ʌnətrǽktiv] 언어츠랙티브
89	우	우선권, (시간·순서가) 앞[먼저]임, 선취권, 선행권	명	priority [praió(:)rəti] 프라이오러디
90	리	리스크, 위험, 모험, 위험성	명	risk [risk] 리스크
91	땅	땅, 토양, 대지, 지구	명	earth [ə:rθ] 어-뜨

13 독도는 우리 땅 3절

1	오	오더, 명령, 지휘, 훈령	명	**order** [ɔ́:rdər] 오-더
2	징	징조, 전조, 조짐, 예언	명	**omen** [óumən] 오우먼
3	어	어드마이어, ~에 감복하다, 칭찬하다	동	**admire** [ədmáiər, æd-] 어드마이더, 애드마이어
4	꼴	꼴찌, 바닥, 밑바닥, 기초, 근본, 원인	명	**bottom** [bátəm] 바럼
5	뚜	뚜렷한, 분명한, 명백한, 맑은, 투명한	형	**clear** [kliər] 클리어
6	기	기회, 우연 ; by chance 우연히	명	**chance** [tʃæns, tʃɑːns] 챈스, 차-안스
7	대	대양, 해양, 바다	명	**ocean** [óuʃən] 오우션
8	구	구급조치, 응급조치	명	**first aid** 뻐스트 에이드
9	명	명랑한, 유쾌한, 재미있는	형	**merry** [méri] 메리
10	태	태투, 문신	명	**tattoo** [tætú:] 태투-
11	거	거리, 원거리, 간격	명	**distance** [dístəns] 디스튼스

12	북	북스토어, 서점	명	**bookstore** [búkstɔ̀:r] 북스또-
13	이	이퀴프먼트, 장비, 설비, 준비	명	**equipment** [ikwípmənt] 이퀴먼트
14	연	연예인, 엔터테이너	명	**entertainer** [èntərtéinər] 엔터테이너
15	어	어드벤처, 애드벤처, 모험, 모험담, 체험담, 투기, 요행	명	**adventure** [əd / ædvéntʃər] 어드밴처, 애드벤처
16	알	알려 주세요 저에게도!		**Let me know!** 렛 미 노우
17	물	물질의, 중요한, 필수의	형	**material** [mətí-əriəl] 머티리얼
18	새	새티스빠이, 만족시키다. 충족 시키다.	동	**satisfy** [sǽtisfai] 새디스빠이
19	알	알려 주세요 저에게!		**Let me know!** 렛 미 노우
20	해	해치, 까다, 부화하다	동	**hatch** [hæʧ] 해치
21	녀	여자들, woman의 복수형	명	**women** [wímin] 위민
22	대	대쓰 어 굿 포인트! 그것 좋은 지적이야!		**That's a good point!** 대 써 굿 포인트
23	합	합계, 전체 ; 전체의, 합계의, 총계의	명	**total** [tóutl] 토우를
24	실	실크, 비단	명	**silk** [silk] 실크

25	십	십, 양, 면양, 양가죽, 온순한 사람	명	**sheep** [ʃiːp] 시–잎
26	칠	칠, 냉기, 한기, 냉담	명	**chill** [tʃil] 칠
27	만	만나서 반가워요.		**(I am) glad to meet you.** (아이 엠) 글래 터 미츄
28	평	평화, 태평, 화해, 화친	명	**peace** [piːs] 피–스
29	방	방문하다, 시찰하다, 위문하다	동	**visit** [vízit] 비지트
30	미	미러클, 기적, 경이, 불가사의한 일	명	**miracle** [mírəkəl] 미러클
31	터	터쁘, 강인한, 단단한, 튼튼한	형	**tough** [tʌf] 터쁘
32	우	우편물, 우편	명	**mail** [meil] 메일
33	물	물결, 파도, 파문, 요동, 굽이침	명	**wave** [weiv] 웨이브
34	하	하늘, 천국	명	**sky** [skai] 스까이
35	나	나잇 앤 데이, 밤낮(없이)		**night and day** 나잇 앤 데이
36	분	분, 잠깐 동안, 잠시	명	**minute** [mínit] 미니트

37	화	화요일	명	**Tuesday** [tjúːzdei] 튜-즈데이
38	구	구스, 거위	명	**goose** [guːs] 구-스
39	독	독, 독물, 독약	명	**poison** [póizən] 포이즌
40	도	도즌, 더즌, 1다스, 12개	명	**dozen** [dʌ́zən] 도즌
41	는	**언어트랙티브**, 매력 없는, 아름답지 못한,	형	**unattractive** [ʌ̀nətrǽktiv] 언어츠랙티브
42	우	**우선권**, (시간·순서가) 앞[먼저]임, 선취권, 선행권	명	**priority** [praió(ː)rəti] 프라이오러디
43	리	**리스크**, 위험, 모험, 위험성	명	**risk** [risk] 리스크
44	땅	**땅**, 토양, 대지, 지구	명	**earth** [əːrə] 어-뜨

Part Ⅲ

노래가사 첫말잇기로 자동암기

감 사

14 어머님 은혜 1절

1	높	높이, 고도로, 세게, 대단히, 고귀하게	부	**highly** [háili] 하일리
2	고	고등학교		**high school** 하이 스꾸-울
3	높	높게 하다, 높이다, 강화하다	동	**heighten** [háitn] 하이뜬
4	은	언노운, 알려지지 않은, 알 수 없는, 미지의	형	**unknown** [ʌnóun] 언노운
5	하	하우스키퍼, 주부, 가정부	명	**housekeeper** [háuskìːpər] 하우스-키-퍼
6	늘	늘리다, 넓히다, 넓게 되다	동	**widen** [wáidn] 와이든
7	이	이디어트, 천치, 바보, 백치	명	**idiot** [ídiət] 이디어트
8	라	라이벌, 경쟁자, 적수, 대항자	명	**rival** [ráiv-əl] 라이블
9	말	말씀하세요! 계속 하세요!		**Go ahead!** 고우 어헤드
10	들	들오, 드로, (그림을) 그리다, 끌다, 당기다	동	**draw** [drɔː] 드로-

11	하	하드, 열심히, 애써서, 간신히	부	**hard** [hɑːrd] 하-드
12	지	지나간, 사라진, 없어진	형	**gone** [gɔːn] 고-온
13	만	만화, 풍자만화, 시사만화	명	**cartoon** [kɑːrtúːn] 카-투-운
14	나	나라, 국가, 국토, 시골, 교외, 지방, 전원	명	**country** [kʌ́ntri] 컨츠리
15	는	언뽈드, 펼치다, 열다, 펴다	동	**unfold** [ʌnfóuld] 언뽀울드
16	나	나라, 국가, 국토, 시골, 교외, 지방, 전원	명	**country** [kʌ́ntri] 컨츠리
17	는	언뽈드, 펼치다, 열다, 펴다	동	**unfold** [ʌnfóuld] 언뽀울드
18	높	높은, 치솟은, 고위의	형	**lofty** [lɔ́ːfti] 로-쁘띠
19	은	언더스땐딩, 이해, 깨달음	명	**understanding** [ʌ̀ndərstǽndiŋ] 언더스땐딩
20	게	게스 왓? 무언지 맞혀 봐? 뭐 게?		**Guess what?** 게스 왓
21	또	또오트, 생각, 의견, 사려, 배려	명	**thought** [θɔːt] 또-트

22	하	하이브, 꿀벌통, 한 꿀벌통의 꿀벌 떼	명	hive [haiv] 하이브
23	나	나이틀롱, 밤새도록의, 철야의	형	nightlong [náitlòːŋ/ -lɔ̀ŋ] 나이뜰로-옹
24	있	있을 수 없는, 불가능한, ~할 수 없는	형	impossible [impάsəbəl] 임파서블
25	지	지명하다, 임명하다, 정하다	동	appoint [əpɔ́int] 어포인트
26	낳	낳다, 출산하다, 열매를 맺다	동	bear [bɛər] 베어
27	으	어캄퍼니, 동반하다, 함께 가다, 수반하여 일어나다	동	accompany [əkʌ́mpəni] 어캄퍼니
28	시	시리즈, 연속, 연속출판물	명	series [sí-əriːz] 시리즈
29	고	고요한, 조용한, 소리 없는	형	quiet [kwáiət] 콰이어트
30	기	기브 업, 포기하다, 버리다		give up 기브업
31	르	러비쉬, 러비시, 쓰레기, 폐물, 잡동사니, 하찮은 것	명	rubbish [rʌ́biʃ] 러비시
32	시	시스템, 체계, 계통, 조직, 체제, 제도	명	system [sístəm] 시스템

33	는	언해피, 불행한, 불운한, 비참한	형	**unhappy** [ʌnhǽpi] 언해피
34	어	어브로드, 외국으로, 해외로	부	**abroad** [əbrɔ́ːd] 어브로-드
35	머	머드, 진흙, 진창	명	**mud** [mʌd] 머드
36	님	임플로이어, 사용자, 고용주, 사장, 주인	명	**employer** [emplɔ́iər] 엔플로이어
37	은	언플레전트. 불쾌한, 기분 나쁜, 싫은	형	**unpleasant** [ʌnplézənt] 언플레즌트
38	혜	혜성	명	**comet** [kámit] 카미트
39	푸	푸드, 뿌드, 음식, 식품, 식량	명	**food** [fuːd] 뿌-드
40	른	런어, 러너, 학습자, 생도, 제자, 초학자	명	**learner** [lɔ́ːrnəːr] 러-너-
41	하	하이트, 키, 높이, 고지, 절정	명	**height** [hait] 하이트
42	늘	늘다, 증가하다, 늘리다, 증대하다	동	**increase** [inkríːs] 인크리즈
43	그	그랜트, 주다, 수여하다	동	**grant** [grænt] 그랜트

44	보	보로우, 빌리다, 차용하다	동	**borrow** [bɔ́(:)rou] 보(-)로우
45	다	다이브, 물에 뛰어들다, 잠수하다	동	**dive** [daiv] 다이브
46	도	도우, 비록 ~일지라도, 그러나	접	**though** [ðou] 도우
47	높	높은 신분의, 고귀한, 귀족의, 고상한	형	**noble** [nóub-əl] 노우블
48	은	**언블리브블**, 거짓말 같은, 믿을 수 없는	형	**unbelievable** [ʌ̀nbilí:vəbəl] 언빌리버블
49	것	거울, 반사경, 본보기, 귀감	명	**mirror** [mírər] 미러
50	같	같은, 동등한, 평등한	형	**equal** [í:kwəl] 이-퀄
51	애	**애스뜨로넛**, 우주비행사	명	**astronaut** [ǽstrənɔ̀:t] 애스츠러노-트

15 어머님 은혜 2절

1	넓	넓은, 폭이 넓은, 광대한	형	**broad** [brɔːd] 브로-드
2	고	**고단한**, 피로한, 지쳐 있는, 싫증나는	형	**weary** [wíəri] 위-리
3	넓	**넓히다**, 넓어지다, 확장하다	동	**broaden** [brɔ́ːdn] 브로-든
4	은	**언와이스**, 지각없는, 지혜가 없는, 어리석은	형	**unwise** [ʌnwáiz] 언와이즈
5	바	**바디**, 몸, 신체, 육체	명	**body** [bádi] 바디
6	다	**다웃**, **다우트**, 의심, 의혹, 불신	명	**doubt** [daut] 다우트
7	라	**라이즈**, 상승, 오름 ; 일어나다, 오르다	명	**rise** [raiz] 라이즈
8	고	고인, 죽은 사람		**the dead** 더 데드
9	말	**말하기**, 담화, 연설	명	**speaking** [spíːkiŋ] 스삐-낑
10	들	**드래스**, 의복, 정장, 복장	명	**dress** [dres] 드레스

Part Ⅲ 감사

11	하	**하우,** 어떻게 ; 방법	부	**how** [hau] 하우
12	지	**지프,** 잠그다, 닫다, (입을) 다물다	동	**zip** [zip] 짚
13	만	**만년필**	명	**fountain-pen** [fáunt*i*npen] 빠운틴펜
14	나	**나드,** 끄덕이다, 졸다, 방심하다	동	**nod** [nɑd] 나드
15	는	**언카버,** 폭로하다, 덮개를 벗기다	동	**uncover** [ʌnkʌ́vər] 언커버
16	나	**나드,** 끄덕이다, 졸다, 방심하다	동	**nod** [nɑd] 나드
17	는	**언카버,** 폭로하다, 덮개를 벗기다	동	**uncover** [ʌnkʌ́vər] 언커버
18	넓	**넓은,** 광범위한, 넓은 범위의	형	**spacious** [spéiʃəs] 스뻬이셔스
19	은	**은하,** 은하수, 은하계	명	**galaxy** [gǽləksi] 갤럭시
20	게	**게스트,** 손님, 객, 내빈	명	**guest** [gest] 게스트
21	또	**또온,** 가시, 가시털, 고통의 원인	명	**thorn** [θɔːrn] 또-온

22	하	하이라이즈, 높이 솟은	형	high-rise [hairaiz] 하이-라이즈
23	나	나우, 지금, 현재	부	now [nau] 나우
24	있	있을법한, 있음직한, 가능성 있는	형	probable [prábəbəl] 브라버블
25	지	지브러, 얼룩말 ; 얼룩무늬의	명	zebra [zí:brə] 지브러
26	사	사용, 이용 ; 사용하다, 이용하다	명	use [ju:s] 유-스
27	람	암, 병폐, 적폐 ; 게	명	cancer [kǽnsər] 캔서
28	되	되다, ~에 어울리다, ~에 맞다	동	become [bikʌ́m] 비컴
29	라	라이쳐스, 올바른, 정직한, 공정한, 정의의	형	righteous [ráitʃəs] 라이쳐스
30	이	이그느런스, 무지, 무학, 모름	명	ignorance [ígnərəns] 이그느런스
31	르	러브, 문지르다, 비비다, 마찰하다, 문질러 지우다	동	rub [rʌb] 러브
32	시	시, 바다, 대양, 대해, 해양	명	sea [si:] 시-

33	는	**언익스펙티드**, 예기치 않은, 뜻밖의, 돌연한	형	**unexpected** [ʌnikspéktid] 언익스펙티드
34	어	**어그리**, 동의하다, 승낙하다, 응하다, 동감하다	동	**agree** [əgríː] 어그리-
35	머	**머더**, 살인, 살인사건	명	**murder** [mə́ːrdər] 머-더-
36	님	**임프레시브**, 인상적인, 인상에 남는, 감동을 주는	형	**impressive** [imprésiv] 임프레시브
37	은	**은혜**, 친절, 인정	명	**kindness** [káindnis] 카인드니스
38	헤	**혜안**, 통찰력, 간파, 통찰	명	**insight** [ínsàit] 인사이트
39	푸	**푸얼리**, 가난하게, 서투르게, 졸렬하게	부	**poorly** [puərli] 푸얼리
40	른	**런 쇼트**, 부족해지다, 적어지다, 쇠퇴하다		**run short** 런 쇼트
41	바	**바**, 막대기, 방망이	명	**bar** [bɑːr] 바-
42	다	**다이버**, 다이빙 선수, 물에 뛰어드는 사람	명	**diver** [dáivər] 다이버
43	그	**그레이브**, 무덤 ; 중대한	명	**grave** [greiv] 그레이브

44	보	<u>보</u>고 싶을 거야. 그리울 거야.		**I will miss you.** 아일 미 슈
45	다	<u>다</u>이빙, 잠수	명	**diving** [dáiviŋ] 다이빙
46	도	<u>도</u>운트 멘션 잇. 천만에		**Don't mention it.** 도운 멘셔 닛
47	넓	<u>넓</u>은, 큰, 광범위한	형	**large** [lɑːrdʒ] 라–지
48	은	<u>언</u>해피, 불행한, 불운한	형	**unhappy** [ʌnhǽpi] 언해피
49	것	<u>거</u>의 없는, 조금 밖에 없는	형	**few** [fjuː] 쀼–
50	같	<u>같</u>은, 서로 같은, 마찬가지의	형	**alike** [əláik] 얼라익
51	애	<u>애</u>드머럴, 해군장성	명	**admiral** [ǽdmərəl] 애드머럴

16 당신은 사랑받기 위해 태어난 사람

1	당	**당당한**, 정당한, 정정당당한, 온당한	형	**fair** [fɛər] 뻬어
2	신	**신**, 죄, 죄악, 과실, 잘못, 위반	명	**sin** [sin] 신
3	은	**은혼식**		**silver wedding** 실버 웨딩
4	사	**사일런트**, 조용한, 무언의, 침묵하는, 말없는	형	**silent** [sáilənt] 사일런트
5	랑	**앙칼스러운**, 사나운, 고약한	형	**fierce** [fiərs] 삐어스
6	받	**받아들이다**, 믿다, 신용하다	동	**believe** [bilí:v] 빌리-브
7	기	**기간**, 시대, 마침표	명	**period** [píəriəd] 피리어드
8	위	**위다웃**, ~없이, ~이 없는	전	**without** [wiðáut] 위다웃
9	해	**해커**, 침입자	명	**hacker** [hǽkər] 해커
10	태	**태스크**, 일, 임무, 작업	명	**task** [tæsk] 태스크

11	어	어코드, 일치, 조화, 융화, 어울림	명	accord [əkɔ́ːrd] 어코-드
12	난	난센스, 무의미, 허튼말, 터무니없는 생각	명	nonsense [nánsens] 난센스
13	사	사전, 옥편, 사서	명	dictionary [díkʃənèri] 딕셔네리
14	람	암컷, 여성 ; 여자의, 여자다운	명	female [fíːmeil] 삐-메일
15	당	당혹, 곤혹, 수수께끼 ; 당혹스럽게 하다	명	puzzle [pʌ́zl] 퍼즐
16	신	신경, 신경조직, 용기, 냉정, 담력	명	nerve [nəːrv] 너-버
17	의	의붓아들	명	stepson [stépsʌ̀n] 스떱선
18	삶	삶다, 끓이다, 끓다, 비등하다	동	boil [bɔil] 보일
19	속	속담, 격언, 금언, 널리 알려진 말	명	proverb [právəːrb] 프라버-브
20	에	에이드, 도움, 원조 ; 원조하다	명	aid [eid] 에이드
21	서	서제스트, 제안하다, 암시하다	동	suggest [səgdʒést] 서제스트

22	그	**그레이**, 회색의, 잿빛의	형	**gray / grey** [grei] 그레이
23	사	**사실**, 실제, 진실, 진상	명	**fact** [fækt] 빽트
24	랑	**앙갚음하다**, 원수를 갚다, 복수하다	동	**avenge** [əvéndʒ] 어벤지
25	받	**받침**, 덧대는 것, 메워 넣는 것, 방석, 안장 받침	명	**pad** [pæd] 패드
26	고	**고기**, 살, 알맹이	명	**meat** [miːt] 미-트
27	있	**있을 수 있는**, 있음직한, 가능한, 일어날 수 있는	형	**possible** [pásəbəl] 파서블
28	지	**지치게 하다**, 닳게 하다	동	**wear** [wɛəːr] 웨어-
29	요	**요크**, 노란 자위	명	**yolk** [joulk] 요우크
30	당	**당기다**, 끌다, 끌어당기다	동	**pull** [pul] 풀
31	신	**신사**, 점잖은 사람	명	**gentleman** [ʤéntlmən] 젠틀먼
32	은	**언서튼**, 분명치 않은, 불명확한, 미정의	형	**uncertain** [ʌnsə́ːrtn] 언서-든

33	사	**사이트**, 위치, 장소, 집터, 부지	명	**site** [sait] 사이트
34	랑	**앙코르**, 재청, 재연주	명	**encore** [áŋkɔːr] 앙코-
35	받	**받아치다**, 되받아치다, 반격하다	동	**counter** [káuntər] 카운터
36	기	**기념일**, 기념제, 주기, 생일	명	**anniversary** [æ̀nəvə́ːrsəri] 애너버-서리
37	위	**위드**, ~와 함께	전	**with** [wið] 위드
38	해	**해피**, 행복한, 기쁜, 즐거운	형	**happy** [hǽpi] 해피
39	태	**태생**, 출생, 출산	명	**birth** [bəːrθ] 버-떠
40	어	**어레인지**, 배열하다, 정리하다	동	**arrange** [əréindʒ] 어레인지
41	난	**난스탑**, 논스톱, 안 쉬는, 도중에 멎지 않는, 직행의	형	**nonstop** [nánstáp / nɔ́nstɔ́p] 난스땁
42	사	**사무원**, 점원, 사원, 판매원	명	**clerk** [kləːrk] 클러-크
43	람	**암뿔**, 한 아름 ; an armful of wood 한 아름의 장작	명	**armful** [áːrmfùl] 아-암뿔

44	당	당번, 순번, 차례	명	**turn** [tə:rn] 터-언
45	신	신호, 암호, 전조, 징후, 조짐	명	**signal** [sígn-əl] 싱글
46	의	의학의, 의술의, 의료의, 의약의	형	**medical** [médik-əl] 메디클
47	삶	삶, 생명, 생존, 생, 혼	명	**life** [laif] 라이쁘
48	속	속력, 속도, 빠르기	명	**speed** [spi:d] 스삐-드
49	에	에너지, 정력, 활기, 원기, 힘	명	**energy** [énərdʒi] 에너지
50	서	서브직트, 주제, 학과, 과목, 국민	명	**subject** [sʌ́bdʒikt] 서버직트
51	그	그레이드, 등급, 학년, 계급	명	**grade** [greid] 그레이드
52	사	사막, 황무지, 황량한 상태	명	**desert** [dézərt] 데저트
53	랑	앙칼스러운, 사나운, 공격적인	형	**aggressive** [əgrésiv] 어그레시브
54	받	받다, 받아들이다, 수령하다	동	**receive** [risí:v] 리시-브

55	고	**고우 롱**, 잘못되다, 실패하다, 정도를 벗어나다		**go wrong** [gou-rɔːŋ] 고우-로-옹
56	있	**있스팀, 이스팀**, 존경, 존중, 경의 ; 존경하다	명	**esteem** [istíːm] 이스티-임
57	지	**지래쁘**, 기린	명	**giraffe** [ʤəræf] 지래쁘
58	요	**요금**, 부담금, 부과금	명	**charge** [tʃɑːrdʒ] 차-지
59	태	**태터**, 넝마, 누더기 옷, 무용지물	명	**tatter** [tǽtər] 태터-
60	초	**초점**, 초점거리, 중심, 집중점	명	**focus** [fóukəs] 뽀우커스
61	부	**부름**, 외침, 점호, 소명, 천직	명	**calling** [kɔ́ːliŋ] 코-올링
62	터	**터부**, 금기, 금지, 엄금	명	**taboo** [təbúː] 터부-
63	시	**시크, 시익**, 찾다, 추구하다, 탐구하다, 조사하다	동	**seek** [siːk] 시-이크
64	작	**작곡가**, 작자, 구성자, 구도자	명	**composer** [kəmpóuzər] 컴포우저
65	된	**덴**, 굴, 우리, 소굴	명	**den** [den] 덴

66	하	**하든**, 강하게 하다, 굳히다, 딱딱하게 하다	동	**harden** [há:rdn] 하-든
67	나	**나이브**, 천진난만한, 순진한, 때 묻지 않은	형	**naive** [nɑːíːv] 나-이-브
68	님	**임포트**, 수입 ; 수입하다, 가져오다	명	**import** [impɔ́ːrt] 임포-트
69	의	**의붓어머니**, 계모	명	**stepmother** [stépmʌðəːr] 스뗍마더-
70	사	**사일런스**, 침묵, 무언, 무소식	명	**silence** [sáiləns] 사일런스
71	랑	**앙상한**, 뼈와 가죽만 남은	형	**skinny** [skíni] 스끼니
72	은	**언브로컨**, 파손되지 않은, 완전한	형	**unbroken** [ʌnbróukən] 언브로우큰
73	우	**우정**, 친교, 친구임, 동료의식	명	**fellowship** [félouʃip] 펠로우십
74	리	**리스너**, 듣는 사람, 청자, 청취자, 경청자	명	**listener** [lísnər] 리스너
75	의	**의논**, 토론, 심의, 검토	명	**discussion** [diskʌ́ʃən] 디스커션
76	만	**만나서 반가워!**		**Glad to meet you!** 글래 터 미 츄

77	남	남동생		younger brother 영거브러더
78	을	얼라우언스, 용돈, 수당, 급여, 참작, 한도	명	allowance [əláuəns] 얼라우언스
79	통	통치하다, 지배하다 ; 통치, 지배	동	rule [rúːl] 루-울
80	해	해피니스, 행복, 행운, 만족, 유쾌	명	happiness [hǽpinis] 해피니스
81	열	열린, 공개된, 열려 있는, 개방된	형	open [óupən] 오우픈
82	매	매너, 방법, 방식, 예절, 예의	명	manner [mǽnəːr] 매너-
83	를	얼마이티, 전능한, 굉장한, 극단의, 대단한	형	almighty [ɔːlmáiti] 어-얼마이디
84	맺	맺다, 제휴하다, 결합하다, 합하다, 합병하다	동	unite [juːnáit] 유-나이트
85	고	고대의, 옛날의, 예로부터의	형	ancient [éinʃənt] 에인션트
86	당	당신의 것	대	yours [juəːrz] 유어-즈
87	신	신, 눈에 보이는	형	seen [siːn] 시-인

88	이	**이그잭트**, 정확한, 정밀한	형	**exact** [igzǽkt] 이그잭트
89	이	**이너쁘**, 충분한, 족한	형	**enough** [inʌ́f] 이너쁘
90	세	**세이크리드**, 신성한, 신에게 바쳐진, 신성불가침의	형	**sacred** [séikrid] 세이크리드
91	상	**상인**, 무역상인	명	**merchant** [mə́ːrtʃənt] 머-천튼
92	에	**에이전시**, 대리점, 취급점, 대리, 기능, 작용	명	**agency** [éidʒənsi] 에이즌시
93	존	**존**, 지역, 지대, 지구	명	**zone** [zoun] 조운
94	재	**재주**, 재능, 솜씨, 재간, 수완	명	**talent** [tǽlənt] 탤런트
95	함	**함쁠**, 해로운, 해가되는, 손해의	형	**harmful** [háːrmfəl] 하-암쁠
96	으	**어트랙티브**, 매력적인, 애교 있는, 사람의 마음을 끄는	형	**attractive** [ətrǽktiv] 어츠랙티브
97	로	**로얄**, 왕의, 왕족의, 황족의	형	**royal** [rɔ́iəl] 로이얼
98	인	**인디드**, 정말로, 실로, 참으로	부	**indeed** [indíd] 인디드

99	해	해머, 망치	명	**hammer** [hǽmər] 해머
100	우	우편엽서	명	**postcard** [póustkàːrd] 포우스트카—드
101	리	리치, 부유한, 잘사는, 풍부한	형	**rich** [ritʃ] 리치
102	에	에어리어, 지역, 지방, 면적	명	**area** [ɛ́əriə] 에리어
103	게	게스 후? 누구 게?, 누군지 알아맞혀 보세요,		**Guess who?** 게스 후
104	얼	**얼러트**, 방심 않는, 정신을 바짝 차린, 민첩한, 날쌘, 기민한	형	**alert** [əlɔ́ːrt] 얼러—트
105	마	마인드, 마음, 정신, 심경	명	**mind** [maind] 마인드
106	나	나머지, 잔여, 여분	명	**rest** [rest] 레스트
107	큰	큰, 거대한, 광대한, 중대한, 위대한	형	**great** [greit] 그레잇
108	기	기대하다, 예상하다, 기다리다	동	**expect** [ikspékt] 익스펙트
109	뻠	**뻠**, 회사, 상사 ; 굳은, 단단한	명	**firm** [fəːrm] 뻐—엄

110	이	이미그레이션, 이민, 이주, 이민자	명	**immigration** [ìməgréiʃən] 이머그레이션
111	되	되도록 그렇게 해. 가능하면 그렇게 해줘.		**Do so if possible.** 두 소우 이쁘 파서블
112	는	언어웨어, 알지 못하는, 눈치 채지 못하는	형	**unaware** [ʌ̀nəwɛ́ər] 언어웨어
113	지	지금 그 분 여기 없습니다. (전화로 찾는 사람이 없을 때)		**He is not in now.** 히 이즈 낫 인 나우
114	당	당신 자신들, 너 자신을	대	**yourself** [juəːrsélf] 유어-셀쁘
115	신	신부, 새색시	명	**bride** [braid] 브라이드
116	은	언밸런스, 불균형, 불평등	명	**unbalance** [ʌnbǽləns] 언밸런스
117	사	사이드 이펙트, (약물 따위의) 부작용	명	**side effect** [said-ifékt] 사이드 이펙트
118	랑	앙금앙금 기다, 네발로 기다, 포복하다	동	**crawl** [krɔːl] 크로-올
119	받	받아들이다, 수락하다, 수납하다, 응하다	동	**accept** [æksépt] 액셉트
120	기	기브, 주다, 증여하다, 수여하다	동	**give** [giv] 기브

121	위	위키드, 악한, 사악한, 심술궂은, 장난기 있는	형	**wicked** [wíkid] 위키드
122	해	해변, 물가, 바닷가, 해안, 강변	명	**beach** [biːtʃ] 비-치
123	태	태도, 훌륭한 태도, 예절, 예의,	명	**manner** [mǽnəːr] 매너-
124	어	어고우, ～전에	부	**ago** [əgóu] 어고우
125	난	난 그게 몹시 기대 돼. 학수고대하고 있어.		**I am looking forward to it.** 아임 루킹 뽀워드 투 잇
126	사	사이드 워크, 보도, 인도, 포장한 도로	명	**sidewalk** [sáidwɔ̀ːk] 사이드워-크
127	람	암탉, 암컷	명	**hen** [hen] 헨
128	지	지갑, 돈주머니, 돈지갑, 금전	명	**purse** [pəːrs] 퍼-스
129	금	금메달		**gold medal** 고울드 메들
130	도	도어웨이, 출입문, 문간	명	**doorway** [dɔ́ːrwèi] 도-웨이
131	그	그리이트, 인사하다, 환영하다, 맞이하다, 영접하다	동	**greet** [griːt] 그리-트

132	사	사우스웨스트, 남서, 남서지방	명	southwest [sàuθwést] 사우뜨웨스트
133	랑	앙금, 침전물, 퇴적물	명	sediment [sédəmənt] 세더먼트
134	받	받아쓰기, 구술, 명령, 지령, 지시	명	dictation [diktéiʃən] 딕테이션
135	고	<u>고트</u>, 염소	명	goat [gout] 고우트
136	있	있다, 소유하다, 가지다	동	own [oun] 오운
137	지	지남철, 자석, 마그넷	명	magnet [mǽgnit] 매그니트
138	요	요리, 요리법	명	cooking [kúkiŋ] 쿠킹

Part Ⅳ

노래가사 첫말잇기로 자동암기

국민 애창동요 (1)

순 서

17 엄마가 섬 그늘에

1	엄	엄지손가락	명	**thumb** [θʌm] 떠-엄
2	마	마이너, 보다 작은, 중요하지 않은, 사소한	형	**minor** [máinər] 마이너
3	가	가알릭, 마늘, 파	명	**garlic** [gáːrlik] 가-알릭
4	섬	섬, 얼마간의, 약간, 몇 개의	형	**some** [sʌm] 섬
5	그	그래스호퍼, 메뚜기, 여치	명	**grasshopper** [græs-hápər] 그래스하퍼
6	늘	늘 있는, 흔히 있는, 보통의, 일상의, 평소의	형	**usual** [júːʒuəl] 유-주얼
7	에	에니띵, 무엇이든, 무언가, 어떤 것도	대	**anything** [éniθìn] 에니띵
8	굴	굴욕, 부끄럼, 수치심, 창피, 수치, 치욕	명	**shame** [ʃeim] 쉐임
9	따	따우젠드, 1000, 천	명	**thousand** [θáuz-ənd] 따우즌드
10	러	러시, 돌진, 쇄도, 붐빔	명	**rush** [rʌʃ] 러시

11	가	가운, 긴 웃옷, 실내복, 수술복	명	**gown** [gaun] 가운
12	면	면허증, 허가증, 인가증	명	**license** [láis-əns] 라이슨스
13	아	아퍼지트, 마주보고 있는, 정반대의	형	**opposite** [ápəzit] 아퍼지트
14	기	기간, 학기, 임기	명	**term** [təːrm] 터-엄
15	가	가십, 잡담, 한담, 수다	명	**gossip** [gásip] 가십
16	혼	혼동하다, 혼란시키다, 헷갈리게 하다	동	**confuse** [kənfjúːz] 컨퓨-즈
17	자	자기 자신을, 자신에게	대	**oneself** [wʌnsélf] 완셀쁘
18	남	남자, 남성, 인간	명	**man** [mæn] 맨
19	아	아일랜드, 섬, 섬 비슷한 고립된 것	명	**island** [áilənd] 아일런트
20	집	집에서, 편히, 본국에		**at home** 앳 호움
21	을	얼라우, 허락하다, 허가하다, 인정하다	동	**allow** [əláu] 얼라우

22	보	보뜨, 양쪽의, 쌍방의	형	**both** [bouə] 보우뜨
23	다	다이얼렉트, 방언, 사투리, 지방 사투리	명	**dialect** [dáiəlèkt] 다이얼렉트
24	가	가장 좋은, 최선의, 최상의, 최대의	형	**best** [best] 베스트
25	바	바이스, 악, 악덕, 사악, 비행, 결함, 결점	명	**vice** [vais] 바이스
26	다	다운타운, 도심지, 중심가, 상가	명	**downtown** [dáun-táun] 다운타운
27	가	가글, 양치질	명	**gargle** [gáːrgəl] 가-글
28	불	불결한, 더러운, 흙투성이의	형	**dirty** [də́ːrti] 더-리
29	러	러블리, 사랑스러운, 귀여운, 아름다운, 멋진	형	**lovely** [lʌ́vli] 러블리
30	주	주우, 유대인, 이스라엘 백성	명	**Jew** [dʒuː] 주-
31	는	언락, 자물쇠를 열다	동	**unlock** [ʌnlák] 언락
32	자	자, 항아리, 단지, 병	명	**jar** [dʒɑːr] 자-

33	장	장작, 땔나무, 불쏘시개	명	**firewood** [fáiər-wùd] 빠이어우드
34	노	노멀, 정상의, 보통의, 표준의	형	**normal** [nɔ́ːrm-əl] 노-믈
35	래	래스틀리, 최후로, 결국	부	**lastly** [lǽstli] 래스뜰리
36	에	에버, 일찍이, 이제까지, 언젠가, 언제나	부	**ever** [évər] 에버
37	팔	팔러티션, 정치가, 정치꾼, 직업정치가	명	**politician** [pàlətíʃən] 팔러티션
38	베	베저터블, 야채, 식물	명	**vegetable** [védʒətəbəl] 베즈터블
39	고	고통스런, 힘든, 어려운	형	**hard** [hɑːrd] 하-드
40	스	스노우맨, 눈사람	명	**snowman** [snóumæ̀n] 스노우맨
41	르	어보이드, 피하다, 회피하다	동	**avoid** [əvɔ́id] 어보이드
42	르	어보이드, 피하다, 회피하다	동	**avoid** [əvɔ́id] 어보이드
43	르	어보이드, 피하다, 회피하다	동	**avoid** [əvɔ́id] 어보이드

44	잠	잠시 동안		for a second 뽀러 세컨드
45	이	이모션, 감정, 감동, 감격	명	emotion [imóuʃən] 이모우션
46	듭	드로어, 서랍, 장롱, 제도사	명	drawer [drɔ́ːər] 드로-어
47	니	니더, 어느 쪽도 아니다 ; Neither book is good. 어떤 책도 좋지 않다.	형	neither [níːðər] 니-더
48	다	다크, 어두운, 암흑의, 거무스름한	형	dark [dɑːrk] 다-크

(18) 사과 같은 내 얼굴

1	사	사우뜨, 남쪽	명	**south** [sauθ] 사우뜨
2	과	과다, 과잉, 초과, 잉여, 초과분	명	**excess** [iksés] 익세스
3	같	같은, 닮은, 비슷한, 유사한	전	**like** [laik] 라이크
4	은	언칸셔스, 무의식의, 모르는, 깨닫지 못하는	형	**unconscious** [ʌnkánʃəs] 언칸셔스
5	내	내추럴, 자연의, 천연의	형	**natural** [nætʃərəl] 내처럴
6	얼	얼라우드, 큰 소리로, 분명히	부	**aloud** [əláud] 얼라우드
7	굴	굴복하다, 항복하다, 포기하다, 넘겨주다, 양도하다	동	**surrender** [səréndər] 서렌더
8	예	예스터데이, 어제	부	**yesterday** [jéstə:rdèi] 예스터-데이
9	쁘	쁘랭크, 솔직한, 숨김없는, 명백한, 공공연한	형	**frank** [fræŋk] 쁘랭크
10	기	기브 백, 되돌려 주다		**give back** 기브 백

11	도	도로, 길, 통로	명	route [ruːt] 루-틴
12	하	하우 어바우 츄? 넌 어떠니?, 넌 어때? 어떻게 생각해?		How about you? 하우 아바우 츄
13	지	지켜보다, 주시하다	동	watch [wɑtʃ] 와치
14	요	요건, 조건, 필요조건, 상태, 지위	명	condition [kəndíʃən] 컨디션
15	눈	눈물, 비애, 비탄	명	tear [tiəːr] 티어-
16	도	도둑, 도적, 절도범	명	thief [θiːf] 띠-쁘
17	반	반드, 끈, 띠, 묶는 것, 유대	명	bond [band] 반드
18	짝	짝수		even number 이-븐 넘버
19	코	코올, 석탄	명	coal [koul] 코울
20	도	도미터리, 기숙사, 큰 공동침실	명	dormitory [dɔ́ːrmətɔ̀ːri] 도-머토-리
21	반	반드, 끈, 띠, 묶는 것, 유대	명	bond [band] 반드

22	짝	짝수		even number 이-븐 넘버
23	입	입술, 입, 말	명	lip [lip] 립
24	도	도우너, 기증자, 제공자, 주는 사람	명	donor [dóunər] 도우너
25	반	반드, 끈, 띠, 묶는 것, 유대	명	bond [band] 반드
26	짝	짝수		even number 이-븐 넘버
27	반	반드, 끈, 띠, 묶는 것, 유대	명	bond [band] 반드
28	짝	짝수		even number 이-븐 넘버

19 나무의 노래

1	아	**아이들**, 우상, 신상, 숭배하는 사람	명	**idol** [áidl] 아이들
2	침	**침몰**, 가라앉음, 침하 ; 가라앉는, 쇠하는	명	**sinking** [síŋkiŋ] 싱킹
3	햇	**햇**, 모자	명	**hat** [hæt] 햇
4	살	**살아나다**, 소생하다, 회복하다	동	**revive** [riváiv] 리바이브
5	이	**이어링**, 귀고리, 귀걸이	명	**earring** [íəriŋ] 이어링
6	찾	**찾아내다**, 발견하다, 만나다, 보다	동	**find** [faind] 빠인드
7	아	**아이사이트**, 시력, 시각	명	**eyesight** [ai-sait] 아이사이트
8	들	**들끓다**, 떼 짓다 ; 떼, 무리, 군중	동	**swarm** [swɔːɾm] 스워-엄
9	기	**기쁘트**, 재능, 선물, 적성	명	**gift** [gift] 기쁘트
10	전	**전망**, 조망, 광경, 견해	명	**view** [vjuː] 뷰-

11	작	작동하다, 움직이다, 작용하다, 일하다	동	operate [ápərèit] 아퍼레이트
12	은	은메달		silver medal 실버 메들
13	소	소다, 탄산음료, 탄산수	명	soda [sóudə] 소우더
14	리	리들, 수수깨끼, 어려운 문제	명	riddle [rídl] 리들
15	로	로드, 라드, 장대, 막대, 낚싯대	명	rod [rɔd / rɑd] 로드 / 라드
16	노	노쓰, 북, 북방	명	north [nɔːrθ] 노-쓰
17	래	래더, 오히려, 도리어, 어느 쪽인가 하면	부	rather [rǽðəːr] 래더-
18	하	하이어, 고용하다, 빌려오다, 세내다, 임대하다	동	hire [haiər] 하이어
19	는	언에이블, 할 수 없는, 능력 없는	형	unable [ʌnéibəl] 언에이블
20	나	나눗셈, 분할, 분배	명	division [divíʒən] 디비즌
21	무	무관심, 냉담, 중요하지 않음, 사소함	명	indifference [indífərəns] 인디뻐런스

22	아	아마, 필시, 대개는	부	**probably** [prábəbli] 프라버블리
23	침	침니 굴뚝	명	**chimney** [tʃímni] 침니
24	햇	해빗, 습관, 버릇	명	**habit** [hǽbit] 해빗
25	살	살, 육체, 살집	명	**flesh** [flæʃ] 쁠래시
26	이	**이스트**, 효모, 누룩, 이스트균	명	**yeast** [jiːst] 이-스트
27	찾	**찾다**, 뒤지다, 탐색하다, 수색하다, 살피다	동	**search** [səːrtʃ] 서-치
28	아	**아퍼튜너디**, 기회, 호기, 행운	명	**opportunity** [àpərtjúːnəti] 아퍼튜-너디
29	들	**드러그스토어**, 약국	명	**drugstore** [drʌ́gstɔ̀ːr] 드러그스또-
30	면	**면접**, 면담, 면회, 인터뷰	명	**interview** [íntərvjùː] 인터뷰-
31	가	**가드너**, 정원사, 원예가	명	**gardener** [gáːrdnər] 가-드너
32	슴	**스모크**, 연기, 매연	명	**smoke** [smouk] 스모우크

33	을	얼터, 알터, 제단, 성찬대	명	altar [ɔ́:ltər] 어-얼터
34	펴	펴다, 펼치다, 전개하다, 퍼뜨리다	동	spread [spred] 스쁘레드
35	고	고루, 공평하게, 적절하게, 올바르게	부	fairly [fɛ́ərli] 뻬얼리
36	햇	햇, 모자	명	hat [hæt] 햇
37	살	살이 잘 찐, 풍만한, 부푼, 부드럽고 풍만한	형	plump [plʌmp] 플럼프
38	을	얼로운, 다만 홀로 ; 고독한, 혼자의, 필적할 것이 없는	부	alone [əlóun] 얼로운
39	흔	흔한, 공통의, 공동의	형	common [kάmən] 카먼
40	들	드로잉, 그림	명	drawing [drɔ́:iŋ] 드로-잉
41	며	며느리	명	daughter-in-law [dɔ́:tərinlɔ́:] 도-러린로-
42	노	노던, 북쪽에 있는	형	northern [nɔ́:rðəːrn] 노-더-언
43	래	래더, 오히려, 도리어, 어느 쪽인가 하면	부	rather [rǽðəːr] 래더-

44	하	하이어, 고용하다, 빌려오다, 세내다, 임대하다	동	**hire** [haiər] 하이어
45	는	언에이블, 할 수 없는, 능력 없는	형	**unable** [ʌnéibəl] 언에이블
46	나	나눗셈, 분할, 분배	명	**division** [divíʒən] 디비즌
47	무	무관심, 냉담, 중요하지 않음, 사소함	명	**indifference** [indífərəns] 인디쁘런스
48	오	오더, 질서, 규칙, 준법	명	**order** [ɔ́:rdər] 오-더
49	늘	늘리다, 확대[증대]하다, 크게 하다, 넓히다	동	**enlarge** [enlá:rdʒ] 인라-지
50	은	언더고우, 받다, 입다, 경험하다, 겪다	동	**undergo** [ʌndərgóu] 언더고우
51	날	날카롭게 하다, 뽀족하게 하다, 깎다, 갈다	동	**sharpen** [ʃá:rp-ən] 샤-픈
52	씨	씨드, 씨앗	명	**seed** [si:d] 시-드
53	가	가이드, 안내자, 길잡이	명	**guide** [gaid] 가이드
54	좋	좋아 보이다		**look good** 룩 굳

55	아	**아웃풋**, 산출, 생산, 생산물, 출력	명	**output** [áutpùt] 아웃풋
56	요	**요란한**, 시끄러운, 떠들썩한	형	**noisy** [nɔ́izi] 노이지
57	햇	**해프닝**, 사건, 사고	명	**happening** [hǽpəniŋ] 해프닝
58	살	**살아있는**, 생생한, 팔팔한, 활기 있는	형	**live** [aliv] 라이브
59	이	**이즐리**, 쉽게, 편하게, 용이하게, 순조롭게	부	**easily** [í:zəli] 이–질리
60	눈	**눈**, 정오, 한낮, 한창, 전성기	명	**noon** [nuːn] 누–운
61	부	**부모**, 양친, 어버이	명	**parent** [pέərənt] 페런트
62	셔	**셔트**, 닫다, 폐쇄하다	동	**shut** [ʃʌt] 셧
63	요	**요통**, 등의 아픔	명	**backache** [bǽkèik] 백케익
64	우	**우스운**, 익살맞은, 재미있는	형	**funny** [fʌ́ni] 뻐니
65	리	**리틀**, 작은, 적은, 거의 없는	형	**little** [lítl] 리를

66	집	집안, 가족, 세대, 한 집안	명	**household** [háushòuld] 하우스호울드
67	나	나이슬리, 좋게, 잘, 훌륭하게, 능숙하게	부	**nicely** [naisli] 나이슬리
68	무	무중력의, 중량이 없는	형	**weightless** [wéitlis] 웨이뜰리스
69	가	가뭄, 한발, 부족, 결핍, 건조, 갈증, 목이 탐	명	**drought** [draut] 드라웃
70	노	노벰버, 11월	명	**November** [nouvémbə:r] 노벰버–
71	래	래들, 덜거덕거리다, 덜거덕거리며 달리다	동	**rattle** [rǽtl] 래를
72	부	부로컨, 부서진, 망그러진, 깨어진	형	**broken** [bróukən] 브로우큰
73	르	어디서 오셨어요? 어디[고향·나라 등] 출신이시죠?		**Where are you from?** 웨어 라 유 쁘람
74	면	면도칼, 전기면도기	명	**razor** [réizə:r] 레이저–
75	이	이그지스튼스, 존재, 실재, 현존	명	**existence** [igzístəns] 이그지스턴스
76	웃	웃음, 웃음소리	명	**laughter** [lǽftə:r] 래쁘터–

77	집	집단, 조, 팀, 작업조	명	**team** [tiːm] 티-임
78	나	**나씽**, 아무 것도 아님, 전혀 아님	대	**nothing** [nʌ́θiŋ] 나띵
79	무	**무당벌레**, 딱정벌레, 투구벌레	명	**beetle** [bíːtl] 비-를
80	가	**가비지**, 쓰레기, 음식 찌꺼기	명	**garbage** [gáːrbidʒ] 가-비지
81	대	**대즐**, 눈부시게 하다, 현혹시키다	동	**dazzle** [dǽzəl] 대즐
82	답	답, 대답, 해답, 응답	명	**answer** [ǽnsər] 앤서
83	을	**얼 카인즈 오브**, 모든 종류의, 많은 ; all kinds of books 많은 책들		**all kinds of ~** 얼 카인즈어브
84	하	**하러, 호러**, 공포, 전율, 소름끼치도록 싫은 것	명	**horror** [hárər, hɔ́ː-] 하러, 호-러
85	고	**고마워하는**, 감사하는, 감사의	형	**grateful** [gréitfəl] 그레트쁠
86	탐	**탐험하다**, 답사하다, 탐구하다, 조사하다	동	**explore** [iksplɔ́ːr] 익스쁠로-
87	스	**스니커**, 고무바닥 운동화, 몰래 행동하는 사람	명	**sneaker** [sníːkər] 스니-커

88	런	런 어웨이, 도망가다, 달아나다		**run away** 런너웨이
89	나	나침반, 한계, 범위, 둘레, 주위	명	**compass** [kʌ́mpəs] 캄퍼스
90	뭇	무기, 병기, 흉기	명	**weapon** [wépən] 웨픈
91	잎	잎피슬, 이피슬, 편지, 서한, 서체	명	**epistle** [ipísl] 이피슬
92	만	만쓸리, 매달의, 달마다의, 월 1회의 ; 달마다, 다달이	형	**monthly** [mʌ́nθli] 만뜰리
93	큼	큼직하게, 크게, 대단히	부	**greatly** [gréitli] 그레이뜰리
94	가	가버너, 통치자, 지배자, 주지사	명	**governor** [gʌ́vərnər] 가버너
95	득	득점, 성적, 20, 스무 사람 ; 득점하다, 점수를 얻다	명	**score** [skɔːr] 스꼬-
96	열	열정, 격정, 열심, 열중, 흥분	명	**passion** [pǽʃən] 패션
97	린	린, 리인, 야윈, 깡마른, 내용이 하찮은, 빈약한	형	**lean** [liːn] 리-인
98	참	참, 차암, 매력, 아름다운 용모, 마력	명	**charm** [tʃɑːrm] 챠-암

99	새	**새비지**, 야만인 ; 야만스러운	명	**savage** [sǽvidʒ] 새비지
100	들	**들일**, 드릴, 송곳, 천공기 ; 훈련, 반복연습, 교련	명	**drill** [dril] 드릴
101	열	**열대우림**	명	**rainforest** [réinfɔ́(:)rist] 레인뽀(-)리스트
102	린	**린**, 기대다, 의지하다, 기울다	동	**lean** [liːn] 리-인
103	참	**참잉, 차밍**, 매력적인, 아름다운, 호감이 가는	형	**charming** [tʃɑ́ːrmiŋ] 챠-밍
104	새	**새들**, 안장, 등 부분, 등심고기	명	**saddle** [sǽdl] 새들
105	만	**만들어진**, 조작된, 인공적인	형	**made** [meid] 메이드
106	큼	**큼직한**, 큰, 커진	형	**big** [big] 빅
107	고	**고객**, 사는 사람, 소비자, 바이어, 구매원	명	**buyer** [báiər] 바이어
108	운	**운동**, 체조, 연습, 행사	명	**exercise** [éksərsàiz] 엑서사이즈
109	노	**노이즈**, 소음, 소리	명	**noise** [nɔiz] 노이즈

Part IV 국민 애창동요 ①

110	래	래스트, 맨 마지막, 최후의	형	**last** [læst] 래스트
111	들	들압, 드랍, 방울, 물방울, 소량 ; 떨어뜨리다	명	**drop** [drɑp] 드랍
112	려	여가, 틈, 한가한 시간	명	**leisure** [líːʒəːr] 리-저
113	주	주얼, 보석, 보옥, 귀중품	명	**jewel** [dʒúːəl] 주-얼
114	는	언세이쁘, 안전하지 않은, 불안한	형	**unsafe** [ʌnséif] 언세이쁘
115	나	나는 그것에 반대야. 난 반대해.		**I am against it.** 아이엠 어겐스트 잇
116	무	무빙, 움직이는, 이동하는, 감동적인	형	**moving** [múːviŋ] 무-빙
117	하	하틀리, 뜨겁게, 몹시, 매우 성을 내어	부	**hotly** [hɑ́tli] 하뜰리
118	늘	늘, 항상, 언제나, 전부터	부	**always** [ɔ́ːlweiz] 어-얼웨이즈
119	에	에브리띵, 모든 것, 무엇이나	대	**everything** [évriː-θìŋ] 에브리-띵
120	그	그래머, 문법, 문법론, 어법	명	**grammar** [grǽmər] 그래머

121	려	여러 가지의, 다양한, 가지가지의, 변화가 많은	형	various [véəriəs] 베리어스
122	지	지배인, 경영자, 관리자, 감독	명	manager [mǽnidʒəːr] 매니저-
123	는	언뻐밀리어, 잘 모르는, 생소한, 익숙하지 않은	형	unfamiliar [ʌnfəmíljər] 언뻐밀려
124	오	오리지널, 본래의, 고유의, 독창적인	형	original [ərídʒənəl] 어리저늘
125	선	선, 태양, 해	명	sun [sʌn] 선
126	지	지그재그, z자 모양의, 꾸불꾸불한	형	zigzag [zígzæg] 지그재그
127	엔	엔드, 끝, 최후, 결말, 결과	명	end [end] 엔드
128	햇	해쁘, 반, 절반	명	half [hæf] 해쁘
129	살	살다, 살아 있다, 생존하다	동	live [liv] 리브
130	한	한밤중, 밤 12시, 암흑, 깜깜한 어둠	명	midnight [mídnàit] 미드나잇
131	줌	줌, 영상의 급속한 확대 · 축소	명	zoom [zuːm] 주-움

132	노	노바디, 아무도 ~않다	대	nobody [nóubàdi] 노우바디
133	래	래쁘, 웃다, 만족해하다, 비웃다, 조소하다	동	laugh [læf] 래쁘
134	한	한계, 한도, 극한	명	limit [límit] 리미트
135	가	가디언, 감시인, 보호자, 후견인, 보관인	명	guardian [gáːrdiən] 가-디언
136	락	락, 흔들다, 흔들어 진동시키다	동	rock [rɑk] 락

㉛ 어린이날 노래

1	날	날뛰다, 껑충껑충 뛰다	동	jump [dʒʌmp] 점프
2	아	아트, 예술, 미술, 기술	명	art [ɑːrt] 아-트
3	라	라이크, ~처럼	전	like [laik] 라이크
4	새	새디스빽션, 만족, 만족감, 배상, 사죄	명	satisfaction [sæ̀tisfǽkʃ-ən] 새디스빽션
5	들	들임, 드림, 꿈, 희망, 환상	명	dream [driːm] 드리-임
6	아	아티클, 기사, 조항, 물건	명	article [ɑ́ːrtikl] 아-리클
7	푸	푸어, 부족한, 서투른, 어설픈	형	poor [puər] 푸어
8	른	언윌링, 내키지 않는, 마지못해 하는, 본의가 아닌	형	unwilling [ʌnwíliŋ] 언윌링
9	하	하러블, 호러블, 무서운, 잔혹한, 냉정한, 오싹하도록 싫은	형	horrible [hárəbəl, hɔ́ːr-] 하러블, 호-러블
10	늘	늘씬한, 키가 큰	형	tall [tɔːl] 토-올

11	을	얼라이브, 살아있는, 생생한, 생존해 있는	형	**alive** [əláiv] 얼라이브
12	달	달, 인형	명	**doll** [dɑl] 달
13	려	여왕, 여제, 왕비, 왕후	명	**queen** [kwiːn] 퀴-인
14	라	라이트, 오른 쪽	명	**right** [rait] 라이트
15	냇	내비게이션, 운항, 항해, 항해술, 항법	명	**navigation** [næ̀vəgéiʃən] 내버게이션
16	물	물론, 당연히, 확실히		**of course** 어브 코스
17	아	아카데미, 어캐더미, 학원, 학술원, 예술원	명	**academy** [əkǽdəmi] 어캐더미
18	푸	푸어, 가난한, 불쌍한, 부족한	형	**poor** [puər] 푸어
19	른	언러키, 불운한, 불행한, 운이 없는	형	**unlucky** [ʌnlʌ́ki] 언러키
20	벌	벌룬, 풍선, 기구, 시험기구	명	**balloon** [bəlúːn] 벌루-움
21	판	판드, 다정한, 좋아하는	형	**fond** [fɑnd/ fɔnd] 빤드

22	을	얼리 앤 레이트, 아침부터 밤늦게까지		early and late 얼리 앤 레이트
23	오	오우쓰, 맹세, 서약, 선서	명	oath [ouθ] 오우쓰
24	월	월, 벽, 담, 외벽, 내벽	명	wall [wɔːl] 워-얼
25	은	언임플로이먼트, 실업, 실직, 실업상태	명	unemployment [ʌnemplɔ́imənt] 언엠플로이먼트
26	푸	푸시, 밀다, 밀치다, 밀어서 나가게 하다	동	push [puʃ] 푸시
27	르	러버, 고무제품, 지우개	명	rubber [rʌ́bəːr] 러버-
28	구	구조, 구성, 조립, 조직, 체계	명	structure [strʌ́ktʃəːr] 스뜨럭쳐
29	나	나이 먹은, 늙은, 노년의, 노후의	형	old [ould] 오울드
30	우	우주선	명	spaceship [spéisʃip] 스뻬이스십
31	리	리드, 읽다, 낭독하다	동	read [riːd] 리-드
32	들	덜, 무딘, 둔한, 둔감한, 우둔한, 지루한	형	dull [dʌl] 덜

Part.IV 국민 애창동요 ①

33	은	**언카인드**, 친절하지 않은, 불친절한	형	**unkind** [ʌnkáind] 언카인드
34	자	**자이언트**, 거인, 거장, 대가	명	**giant** [dʒáiənt] 자이언트
35	란	안마, 마사지	명	**massage** [məsá:ʒ] 머사–지
36	다	**다잉**, 죽어가는	형	**dying** [dáiiŋ] 다잉
37	오	**오토모빌**, 자동차	명	**automobile** [ɔ́:təməbìːl] 오–터머비–일
38	늘	체중이 늘다		**gain weight** 게인 웨이트
39	은	은, 은그릇	명	**silver** [sílvəːr] 실버–
40	어	**어캄플리시**, 이루다, 성취하다, 완성하다	동	**accomplish** [əkʌ́mpliʃ/ əkɔ́m-] 어캄플리시
41	린	**인치**, 1인치, 2.54cm	명	**inch** [intʃ] 인치
42	이	**이스케이프**, 도망, 탈출	명	**escape** [iskéip] 이스께이프
43	날	날개	명	**wing** [wiŋ] 윙

44	우	우들랜드, 삼림지대	명	woodland [wúdlənd, -læ̀nd] 우들런드
45	리	리버, 강	명	river [rívə:r] 리버-
46	들	들아이, 드라이, 마른, 건조한, 물기가 없는	형	dry [drai] 드라이
47	세	세컨드, 초, 매우 짧은 시간	명	second [sék-ənd] 세큰드
48	상	상처, 해, 부상 ; 다치게 하다	명	hurt [hə:rt] 허-트

21 솜사탕

1	나	나도 마찬가지야!		**Same here!** 세임 히어
2	뭇	뭇사람들, 일반대중, 많은 사람들	명	**public** [pʌ́blik] 퍼블릭
3	가	가을	명	**autumn** [ɔ́:təm] 오-텀
4	지	지녀스, 천재, 비상한 재주, 특수한 재주	명	**genius** [ʤíːnjəs] 지녀스
5	에	에듀케이션, 교육, 훈육, 양성	명	**education** [èʤukéiʃən] 에쥬케이션
6	실	실리, 어리석은, 분별없는, 양식 없는, 바보 같은	형	**silly** [síli] 실리
7	처	처치, 교회	명	**church** [tʃəːrtʃ] 처-치
8	럼	럼프, 엉덩이, 둔부, 궁둥이	명	**rump** [rʌmp] 럼프
9	커	커닝, 컨닝, 약삭빠른, 교활한, 교묘한	형	**cunning** [kʌ́niŋ] 커닝
10	다	다운뽈, 쏟아짐, 낙하, 추락, 몰락	명	**downfall** [dáun-fɔ̀ːl] 다운뽀-올

11	란	안개, 농무, 연무	명	fog [fɔ(ː)g] 뽀(-)그
12	솜	솜씨, 재주, 숙련, 노련, 기술	명	skill [skil] 스낄
13	사	사이트, 관광, 구경, 유람	명	sightseeing [sáitsìːiŋ] 사이트시-잉
14	탕	탕진하다, 다써버리다, 소비하다, 고갈되다		run out of ~ 런 아웃어브
15	하	하트, 심장, 마음, 심정	명	heart [hɑːrt] 하-트
16	얀	얀, 하품하다 ; 하품, 입을 크게 벌림	동	yawn [jɔːn] 야-안
17	눈	눈가림, 가장, 치레, 거짓, 흉내	명	make-believe [méikbilìːv] 메익빌리-브
18	처	처녀, 아가씨, 동정녀	명	virgin [vɔ́ːrdʒin] 버-진
19	럼	엄파이어, 심판(자), 중재자, 부심	명	umpire [ʌ́mpaiər] 엄파이어
20	희	희어로, 영웅, 위인, 주인공	명	hero [híːrou] 히-로우
21	고	고블린, 악귀, 도깨비	명	goblin [gáblin / gɔ́b-] 가블린 / 고블린

22	도	도메인, 영역, 영토, 소유권	명	**domain** [douméin] 도메인
23	깨	깨뜨리다, 쪼개다, 부수다	동	**break** [breik] 브레익
24	끗	끝트머리, 끄트머리, 끝, 첨단, 꼭대기, 정상	명	**tip** [tip] 팁
25	한	한복판, 한가운데, 중앙	명	**middle** [mídl] 미들
26	솜	솜씨, 재주, 숙련, 노련, 기술	명	**skill** [skil] 스킬
27	사	사이트, 관광, 구경, 유람	명	**sightseeing** [sáitsì:iŋ] 사이트시-잉
28	탕	탕진하다, 다써버리다, 소비하다, 고갈되다		**run out of ~** 런 아웃어브
29	엄	엄브렐라, 우산	명	**umbrella** [ʌmbrélə] 엄브렐러
30	마	마우스, 쥐, 겁쟁이	명	**mouse** [maus] 마우스
31	손	손위의, 연장의, 고참의 ; 연장자, 선배, 고참	형	**elder** [éldər] 엘더
32	잡	잡, 일, 볼일, 직업	명	**job** [dʒɑb] 잡

33	고	고문, 고통, 고뇌, 고민	명	torture [tɔ́ːrtʃəːr] 토-처-
34	나	나는 안 될 것 같아, 유감스럽게도!		I am afraid I can't. 아이 엠 어쁘레이드 아이 캔
35	들	들통, 버켓, 양동이	명	bucket [bʌ́kit] 버킷
36	이	이미테이션, 모방, 흉내, 모조, 모조품	명	imitation [imətéiʃən] 이머테이션
37	갈	갈라, 축제, 축하 ; 축제의	명	gala [géilə, gǽlə/ gáːlə] 게일러
38	때	때때로, 때로는, 이따금	부	sometimes [sʌ́mtàimz] 섬타임즈
39	먹	먹을 수 있는, 식용 가능한	형	edible [édəbəl] 에더블
40	어	어뜨퀘이크, 지진, 큰 변동, 동란	명	earthquake [ə́ːrəkwèik] 어-뜨퀘익
41	본	본, 타고난, 천부의	형	born [bɔːrn] 보-온
42	솜	솜씨, 재주, 숙련, 노련, 기술	명	skill [skil] 스낄
43	사	사이트, 관광, 구경, 유람	명	sightseeing [sáitsìːiŋ] 사이트시-잉

44	탕	탕진하다, 다써버리다, 소비하다, 고갈되다		run out of ~ 런 아웃어브
45	호	호울, 전부의, 모든, 완전한	형	whole [houl] 호울
46	호	호울, 전부의, 모든, 완전한	형	whole [houl] 호울
47	불	불, 황소	명	bull [bul] 불
48	면	면도하다, 깎다, 밀다	동	shave [ʃeiv] 세이브
49	구	구석, 코너, 모퉁이, 귀퉁이	명	corner [kɔ́ːrnər] 코-너
50	멍	멍한, 멍해 있는, 방심한 상태의, 얼빠진, 건성의	형	absent-minded [ǽbsəntmáindid] 앱슨트마인디드
51	이	이레이저, 지우개, 지우는 사람	명	eraser [iréisər] 이레이저
52	뚫	뚫다, 꿰뚫다, 관통하다	동	pierce [piərs] 피어스
53	리	리스트, 목록, 표, 일람표	명	list [list] 리스트
54	는	언해필리, 불행하게도, 유감스럽게도	부	unhappily [ʌnhǽpili] 언해필리

55	커	커리지, 용기, 담력, 배짱	명	courage [kə́ːridʒ] 커-리지
56	다	다이렉틀리, 바로, 직접, 똑바로, 곧, 즉시	부	directly [dairéktli] 다이렉틀리
57	란	안녕, 평안	명	well-being [wel-bíːiŋ] 웰-비-잉
58	솜	솜씨, 재주, 숙련, 노련, 기술	명	skill [skil] 스낄
59	사	사이트, 관광, 구경, 유람	명	sightseeing [sáitsìːiŋ] 사이트시-잉
60	탕	탕진하다, 다써버리다, 소비하다, 고갈되다		run out of ~ 런 아웃어브

Part Ⅴ

노래가사 첫말잇기로 자동암기

국민 애창동요 (2)

순 서

22 아빠 힘내세요.

1	딩	띵, 물건, 물체, 것, 일, 사물, 사항, 사정	명	**thing** [θiŋ] 띵
2	동	동작, 거동, 몸짓, 동의, 제의	명	**motion** [móuʃ-ən] 모우션
3	댕	댕글, 매달리다, 매달려 있다, 흔들흔들하다	동	**dangle** [dǽŋgəl] 댕글
4	초	초이스, 선택, 선택권, 선정	명	**choice** [tʃɔis] 초이스
5	인	인클루드, 포함하다, 포함시키다, 넣다, 셈에 넣다	동	**include** [inklú:d] 인클루드
6	종	종, 방울, 초인종	명	**bell** [bel] 벨
7	소	소우 두 아이, 나도 그래, 나도 마찬가지야.		**So do I.** 소우 두 아이
8	리	리마인드, 생각나게 하다, 상기시키다	동	**remind** [rimáind] 리마인드
9	에	에어포트, 공항	명	**airport** [ɛ́ərpɔ̀ːrt] 에어포-트
10	얼	얼마나 여기 계셨습니까? 여기 사신지 얼마 되셨나요?		**How long have you been here?** 하우 롱 해 뷰 빈 히어

11	른	언칸셔스, 무의식의, 모르는	형	**unconscious** [ʌnkánʃəs] 언칸셔스
12	문	문체, 필체, 양식, 방법, 품위	명	**style** [stail] 스따일
13	을	얼터게더, 아주, 전부, 전체적으로, 합계하여	부	**altogether** [ɔ̀:ltəgéðər] 어-얼터게더
14	열	열쇠, 비결, 요소	명	**key** [ki:] 키-
15	었	어글리, 추한, 못생긴	형	**ugly** [ʌ́gli] 어글리
16	더	더블, 두 배의, 갑절의, 이중의	형	**double** [dʌ́bəl] 더블
17	니	니드, 필요, 수요, 소용	명	**need** [ni:d] 니-드
18	그	그랜페런트, 조부모	명	**grandparent** [grǽndpɛ̀ərənt] 그랜페런트
19	토	토이, 장난감, 완구	명	**toy** [tɔi] 토이
20	록	록키, 튼튼한, 암석이 많은, 바위 같은	형	**rocky** [rɔ́ki / rɑki] 록키, 라키
21	기	기, 국기, 깃발, 주장, 기치	명	**banner** [bǽnər] 배너

Part V 국민 애창동요 ②

22	다	다이노사우러, 공룡	명	dinosaur [dáinəsɔ̀:r] 다이너소-
23	리	리콰이어, 요구하다, 필요로 하다	동	require [rikwáiə:r] 리콰이어-
24	던	던지다, 팽개치다, 내동댕이치다	동	throw [θrou] 뜨로우
25	아	아브젝트, 물건, 물체, 목적	명	object [ábdʒikt] 아브직트
26	빠	빠이널리, 최후로, 마지막에, 마침내, 결국	부	finally [fáinəli] 빠이널리
27	가	가든, 정원, 뜰, 마당	명	garden [gá:rdn] 가-든
28	문	문화, 정신, 교양, 세련, 훈육	명	culture [kʌ́ltʃər] 컬처
29	앞	앞다리(짐승 · 곤충 · 의자의)	명	foreleg [fɔ́:rlèg] 뽀-레그
30	에	에이블, 능력 있는, 재능 있는, 유능한, 할 수 있는	형	able [éibəl] 에이블
31	서	서바이브, 살아남다, 생존하다	동	survive [sərváiv] 서바이브
32	계	계급, 신분, 사회계층, 서열	명	rank [ræŋk] 랭크

33	셨	셔츠, 와이셔츠, 셔츠	몡	**shirt** [ʃəːrt] 셔-츠
34	죠	죠인트, 관절, 이음매, 접합부분	몡	**joint** [dʒɔint] 조인트
35	너	너싱홈, 요양원		**nursing home** 너얼싱 호움
36	무	무브먼트, 운동, 움직임, 활동	몡	**movement** [múːvmənt] 무-브먼트
37	나	나른한, 피곤한, 지친, 싫증난	혱	**tired** [taiəːrd] 타이어-드
38	반	반, 헛간, 광	몡	**barn** [bɑːrn] 바-안
39	가	가구, 세간, 부속품	몡	**furniture** [fəːrnitʃəːr] 뻐-니쳐-
40	워	워, 전쟁, 싸움, 교전상태	몡	**war** [wɔːr] 워-
41	웃	웃돌다, 넘다, 초과하다, 능가하다	동	**exceed** [iksíːd] 익시-드
42	으	어필, 호소, 애원 ; 호소하다	몡	**appeal** [əpíːl] 어피-일
43	며	며칠 동안		**for days** 뽀 데이즈

Part V 국민 애창동요 ②

44	아	아브젝트, 물건, 물체, 목적	명	**object** [ábdʒikt] 아브직트
45	빠	빠이널리, 최후로, 마지막에, 마침내, 결국	부	**finally** [fáinəli] 빠이널리
46	하	하우 롱 아 유 고잉 투 스테이 히어? 여기 얼마나 머무르실 예정입니까?		**How long are you going to stay here?** 하우 롱 아 유 고잉 투 스떼이 히어
47	고	고통, 아픔, 노력, 노고,	명	**pain** [pein] 페인
48	불	불, 화염, 연소, 화재	명	**fire** [faiər] 빠이어
49	럿	럿키, 러키, 행운의, 운 좋은	형	**lucky** [lʌ́ki] 러키
50	는	언유절, 이상한, 보통이 아닌, 유별난	형	**unusual** [ʌnjúːʒuəl] 언유-즐
51	데	데블, 악마, 악귀, 악령, 사탄	명	**devil** [dévl] 데블
52	어	어메이징, 놀랄 정도의, 굉장한	형	**amazing** [əméiziŋ] 어메이징
53	쩐	전념, 집중, 전심, 농축, 농도	명	**concentration** [kànsəntréiʃən] 칸슨트레이션
54	지	지붕, 정상, 꼭대기, 최고부	명	**roof** [ruːf] 루-쁘

55	오	**오건**, 기관, 기관지, 오르간	명	organ [ɔ́ːrgən] 오-건
56	늘	**늘이다**, 펴다, 넓히다, 확장하다, 팽창시키다	동	expand [ikspǽnd] 익스팬드
57	아	**아브젝트**, 물건, 물체, 목적	명	object [ábdʒikt] 아브직트
58	빠	**빠이널리**, 최후로, 마지막에, 마침내, 결국	부	finally [fáinəli] 빠이널리
59	의	**의붓자식**	명	stepchild [stéptʃàild] 스텝차일드
60	얼	**얼마만이야!** 정말 오랜만이야! (가까운 친구 사이에서)		Long time no see. 로옹 타임 노우 시이
61	굴	**굴**, 동굴	명	cave [keiv] 케이브
62	이	**이스뻬셜리**, 특별히, 특히, 각별히	부	especially [ispéʃəli] 이스뻬셜리
63	우	**우비**, 비옷, 레인코트	명	raincoat [réinkòut] 레인코우트
64	울	**울타리**, 담, 방벽, 장애물	명	fence [fens] 펜스
65	해	**해결하다**, 결정하다, 결심하다	동	decide [disáid] 디사이드

66	보	보너스, 상여금, 특별수당, 장려금	명	**bonus** [bóunəs] 보우너스
67	이	이스트, 동쪽, 동방	명	**east** [iːst] 이-스트
68	네	네버, 결코 ~아니다	부	**never** [névəːr] 네버-
69	요	요괴, 도깨비, 악귀	명	**goblin** [gáblin] 가블린
70	무	무브, 이사하다, 이동하다	동	**move** [muːv] 무-브
71	슨	선라이트, 햇빛, 일광	명	**sunlight** [sʌ́nlàit] 선라이트
72	일	일, 노동, 근로, 노동자, 육체 노동자	명	**labor** [léibər] 레이버
73	이	이븐, ~조차도 ; 평평한, 짝수; Even I can do it. 나라도 할 수 있다.	부	**even** [íːvən] 이-븐
74	생	생각하다, ~라고 여기다, 상상하다	동	**think** [θiŋk] 띵크
75	겼	겨우, 단지, 그저, 다만, 전혀	부	**merely** [míərli] 미얼리
76	나	나잇 듀티, 야근, 야간근무		**night duty** 나잇 듀디

77	요	요금, 수수료, 수고 값	명	fee [fiː] 삐-
78	무	무브, 이사하다, 이동하다	동	move [muːv] 무-브
79	슨	선라이즈, 해돋이, 일출, 해 뜨는 시각, 동틀 무렵	명	sunrise [sʌ́nràiz] 선라이즈
80	걱	걱정, 근심, 주의, 조심, 배려	명	care [kɛər] 케어
81	정	적당, 적절, 적합성, 건강	명	fitness [fítnis] 삐뜨니스
82	있	있다, 머무르다, 체재하다	동	stay [stei] 스떼이
83	나	나우데이즈, 요즈음, 오늘날, 현재에는	부	nowadays [náu-ədèiz] 나우-데이즈
84	요	요소, 요인, 인자, 인수, 약수	명	factor [fǽktər] 팩터
85	마	마일드, 온순한, 상냥한, 친절한, 관대한, 따뜻한	형	mild [maild] 마일드
86	음	음료, 마실 것	명	beverage [bévəridʒ] 베브리지
87	대	대륙, 육지, 본토	명	continent [kántənənt] 칸터넌트

88	로	로, 법, 법률, 법규, 국법	몡	law [lɔː] 로-
89	안	안녕, 작별, 결별, 고별	몡	farewell [fɛərwél] 뻬어웰
90	되	되는 대로의, 임의의, 닥치는 대로의	혱	random [rǽndəm] 랜덤
91	는	언와이스, 지혜가 없는, 지각없는	혱	unwise [ʌnwáiz] 언와이즈
92	일	일어서다, 서다, 기립하다	동	stand [stænd] 스땐드
93	오	오베이, 복종하다, 따르다, 순종하다	동	obey [oubéi] 오베이
94	늘	늘, 항상		all the time 얼더 타임
95	있	있(이)스테블리시, 확립하다, 설치하다, 설립하다, 제정하다	동	establish [istǽbliʃ] 이스때블리시
96	었	어펙션, 애정, 호의, 애착, 감정, 감동	몡	affection [əfékʃən] 어펙션
97	나	나그네, 여행자, 관광객	몡	tourist [túːərist] 투리스트
98	요	요리하다, 조리하다	동	cook [kuk] 쿡

99	아	아브젝트, 물건, 물체, 목적	명	object [ábdʒikt] 아브직트
100	빠	빠이널리, 최후로, 마지막에, 마침내, 결국	부	finally [fáinəli] 빠이널리
101	힘	힘, 찬송가, 성가, 찬가	명	hymn [him] 힘
102	내	내로우, 좁은, 좁아서 답답한	형	narrow [nǽrou] 내로우
103	세	세일러, 뱃사람, 선원, 항해사	명	sailor [séilə:r] 세일러-
104	요	요구, 청구, 수요 ; 요구하다	명	demand [dimǽnd] 디맨드
105	우	우려, 염려, 걱정, 불안, 근심, 염원, 열망	명	anxiety [æŋzáiəti] 앵자이어리
106	리	리피트, 반복하다, 되풀이 하다	동	repeat [ripíːt] 리피-트
107	가	가븐, 통치하다, 다스리다, 지배하다	동	govern [gʌ́vərn] 가번
108	있	잇쯔 마이 비즈니스, 그것은 내 일이야, 상관하지 마.		It's my business. 이쯔 마이 비즈니스
109	잖	잔돈, 거스름돈, 우수리	명	change [tʃeindʒ] 체인지

110	아	아이보리, 상아, (코끼리 따위의) 엄니, 상아빛	명	**ivory** [áivəri] 아이브리
111	요	요술, 마술, 마법	명	**magic** [mǽdʒik] 매직
112	아	아브젝트, 물건, 물체, 목적	명	**object** [ábdʒikt] 아브직트
113	빠	빠이널리, 최후로, 마지막에, 마침내, 결국	부	**finally** [fáinəli] 빠이널리
114	힘	힘, 찬송가, 성가, 찬가	명	**hymn** [him] 힘
115	내	내로우, 좁은, 좁아서 답답한	형	**narrow** [nǽrou] 내로우
116	세	세일러, 뱃사람, 선원, 항해사	명	**sailor** [séilə:r] 세일러-
117	요	요람, 소아용 침대	명	**cradle** [kréidl] 크레이들
118	우	우려, 염려, 걱정, 불안, 근심, 염원, 열망	명	**anxiety** [æŋzáiəti] 앵자이어리
119	리	리피트, 반복하다, 되풀이 하다	동	**repeat** [ripí:t] 리피-트
120	가	가븐, 통치하다, 다스리다, 지배하다	동	**govern** [gʌ́vərn] 가번

121	있	있다, 소유하다, 간직하다, 보존하다	동	keep [ki:p] 키-잎
122	어	**어웨이크**, 깨우다, 눈뜨게 하다, 각성시키다	동	awake [əwéik] 어웨이크
123	요	요란, 소란, 혼란, 무질서, 어지러움	명	disorder [disɔ́:rdər] 디스오-더

23 곰 세 마리가 한 집에 있어

1	곰	곰곰이 생각하다, 두루 생각하다	동	**consider** [kənsídər] 컨시더
2	세	세일, 판매, 팔기, 매각, 특매	명	**sale** [seil] 세일
3	마	마인, 나의 것	대	**mine** [main] 마인
4	리	리치, 도달하다, 도착하다, 이르다	동	**reach** [riːtʃ] 리-치
5	가	가이든스, 안내, 인도, 지도, 지휘, 지시	명	**guidance** [gáidns] 가아든스
6	한	한창, 절정, 성수기, 최고점	명	**peak** [piːk] 피-크
7	집	집단, 무리, 떼, 일단, 군중	명	**flock** [flɑk] 쁠락
8	에	에티켓, 예의, 예의범절	명	**etiquette** [étikèt] 에티켓
9	있	있쯔 유어 비즈니스, 그것은 너의 일이야, 네가 알아서 해.		**It's your business.** 이쯔 유어 비즈니스
10	어	어니언, 양파, 파	명	**onion** [ʌ́njən] 어년

11	아	**아니스트**, 정직한, 공정한, 숨김없는	형	honest [ánist] 아니스트
12	빠	**빠이낸스, 삐낸스**, 재정, 재무, 재원, 자금, 소득	명	finance [fáinæns] 빠이낸스
13	곰	곰곰이 생각하다, 두루 생각하다	동	consider [kənsídər] 컨시더
14	엄	엄격한, 엄한, 엄밀한, 정밀한	형	strict [strikt] 스뜨릭트
15	마	**마던**, 현대의, 현재의, 현대식의	형	modern [mádəːrn / mɔ́d-] 마더-언
16	곰	곰곰이 생각하다, 두루 생각하다	동	consider [kənsídər] 컨시더
17	아	아 유 레디 투 오더?, 주문하시겠어요?		Are you ready to order? 아 유 레디 터 오-더
18	기	기초, 토대, 근거, 근본 원리	명	base [beis] 베이스
19	곰	곰곰이 생각하다, 두루 생각하다	동	consider [kənsídər] 컨시더
20	아	**아니스트**, 정직한, 공정한, 숨김없는	형	honest [ánist] 아니스트
21	빠	**빠이낸스, 삐낸스**, 재정, 재무, 재원, 자금, 소득	명	finance [fáinæns] 빠이낸스

22	곰	곰곰이 생각하다, 두루 생각하다	동	consider [kənsídər] 컨시더
23	은	은장도		silver knife 실버 나이쁘
24	뚱	뚱뚱한, 살찐, 비대한, 기름기 많은	형	fat [fæt] 뺏
25	뚱	뚱뚱한, 살찐, 비대한, 기름기 많은	형	fat [fæt] 뺏
26	해	해군	명	navy [néivi] 네이비
27	엄	엄격한, 엄한, 엄밀한, 정밀한	형	strict [strikt] 스뜨릭트
28	마	마던, 현대의, 현재의, 현대식의	형	modern [mádərn / mɔ́d-] 마더-언
29	곰	곰곰이 생각하다, 두루 생각하다	동	consider [kənsídər] 컨시더
30	은	언빠퓰러, 인기가 없는, 평판이 나쁜	형	unpopular [ʌnpápjələr] 언파펄러
31	날	날씬한, 호리호리한, 가는, 가냘픈, 빈약한	형	slim [slim] 슬림
32	씬	씬, 장면, 무대 장면, 전경, 현장	명	scene [siːn] 시-인

33	해	**해거드**, 야윈, 수척한, 초췌한, 말라빠진	형	**haggard** [hǽgərd] 해거드
34	애	**애스크**, 묻다, 물어 보다	동	**ask** [æsk] 애스크
35	기	**기억**, 기억력, 회상, 추억	명	**memory** [méməri] 메므리
36	곰	**곰곰이 생각하다**, 두루 생각하다	동	**consider** [kənsídər] 컨시더
37	은	**언임포튼트**, 중요하지 않은, 대수롭지 않은	형	**unimportant** [ʌnimpɔ́ːrtənt] 언임포−튼트
38	너	**너츠**, 견과류, 호두	명	**nut** [nʌt] 넛
39	무	**무대**, 연단, 마루, 단계	명	**stage** [steidʒ] 스떼이지
40	귀	**귀뚜라미**	명	**cricket** [kríkit] 크리킷
41	여	**여기 있습니다!**		**Here you go!** 히어 류 고우
42	워	**워드**, 말, 낱말, 한마디 말	명	**word** [wəːrd] 워−드
43	으	**으르렁거리다**, 고함치다	동	**growl** [graul] 그라울

44	쓰	썩다, 부패하다, 부식하다, 쇠하다	동	decay [dikéi] 디케이
45	으	**어그리먼트**, 동의, 승낙, 협정	명	agreement [əgríːmənt] 어그리–먼트
46	쓰	썩은, 부패한, 타락한, 부정한, 부도덕한, 퇴폐한	형	corrupt [kərʌ́pt] 커–럽트
47	잘	잘 지네!		Take care! 테익 케어
48	한	한없는, 끝없는, 무한한	형	endless [éndlis] 엔들리스
49	다	다이내믹, 역동적인, 힘 있는, 활기 있는, 정력적인	형	dynamic [dainǽmik] 다이내믹

24 개구리 왕눈이

1	개	**개스프**, 헐떡거리다, 숨이 차다, 숨이 막히다	동	**gasp** [gæsp] 개스프
2	구	**굿루낑**, 잘생긴	형	**good-looking** [gúdlúkiŋ] 굿룩낑
3	리	**리스빤스**, 응답, 대답, 반응, 감응	명	**response** [rispáns] 리스판스
4	소	**소스**, 근원, 출처, 공급원	명	**source** [sɔːrs] 소-스
5	년	연극, 희곡, 각본	명	**play** [plei] 플레이
6	개	**개스프**, 헐떡거리다, 숨이 차다, 숨이 막히다	동	**gasp** [gæsp] 개스프
7	구	**굿루낑**, 잘생긴	형	**good-looking** [gúdlúkiŋ] 굿- 룩낑
8	리	**리스빤스**, 응답, 대답, 반응, 감응	명	**response** [rispáns] 리스판스
9	소	**소스**, 근원, 출처, 공급원	명	**source** [sɔːrs] 소-스
10	년	연극, 희곡, 각본	명	**play** [plei] 플레이

Part V 국민 애창동요 ②

11	네	네이버, 이웃, 이웃사람, 이웃 집	명	neighbor [néibər] 네이버
12	가	가먼트, 옷, 의류	명	garment [gáːrmənt] 가-먼트
13	울	울, 양털, 털실, 모직물	명	wool [wul] 울
14	면	면밀, 상세, 세부, 지엽	명	detail [díːteil] 디테일
15	무	무료의, 세금이 없는, 공짜의	형	free [friː] 쁘리-
16	지	지하철, 지하도	명	subway [sʌ́bwèi] 서브웨이
17	개	개최하다, 열다 거행하다	동	hold [hould] 호울드
18	연	연설하다, 의견을 말하다 (= deliver a speech)		make a speech 메이 커 스삐치
19	못	못난, 미련한, 어리석은, 바보 같은	형	foolish [fúːliʃ] 뿌-울리시
20	에	에어, 공기, 대기, 모양	명	air [ɛər] 에어
21	비	비기닝, 시작, 처음, 최초	명	beginning [bigíniŋ] 비기닝

22	가	가지고 가시겠어요? 아니면 여기서 드시겠어요?		For here or to go? 뽀 히어 오어 터 고우
23	온	온워드, 앞으로, 전방으로, 전방에	(부)	onward [ɔ́(ː)n-wərd] 온워-드
24	단	단백질	(명)	protein [próutiːin] 프로우티-인
25	다	다이어그램, 그림, 도형, 도표	(명)	diagram [dáiəgrӕm] 다이어그램
26	비	비전, 시력, 시각, 상상력, 통찰력,	(명)	vision [víʒən] 비즌
27	바	바우, 인사하다, 절하다	(동)	bow [bau] 바우
28	람	암소, 젖소, 축우	(명)	cow [kau] 카우
29	몰	몰, 쇼핑센터	(명)	mall [mɔːl] 모-올
30	아	아웃백, 오지, 미개척지	(명)	outback [áutbӕk] 아웃백
31	쳐	쳐다보다, 응시하다, 주시하다	(동)	gaze [geiz] 게이즈
32	도	도전, 도전장, 난제, 노력의 목표	(명)	challenge [tʃӕlindʒ] 챌린지

33	이	이어, 귀, 청각, 청력	명	**ear** [iər] 이어
34	겨	겨울, 한기	명	**winter** [wíntəːr] 윈터-
35	내	내 친구를 너에게 소개할 게.		**I'd like to introduce** **my friend to you.** 아이드라이크 투 인터러듀스 마이 쁘렌드 투 유
36	고	고래, 탐욕스러운 사람	명	**whale** [hweil] 웨일
37	일	**일렉트**, 선거하다, 뽑다, 선임하다	동	**elect** [ilékt] 일렉트
38	곱	**곱슬머리의**, 꼬불꼬불한, (잎이) 말린	형	**curly** [kə́ːrli] 커-얼리
39	번	**번**, 타다, 불타다, 타 죽다	동	**burn** [bəːrn] 버-언
40	넘	**넘버**, 수, 숫자, 총수	명	**number** [nʌ́mbəːr] 넘버-
41	어	**어마운트**, 양, 총계, 총액	명	**amount** [əmáunt] 어마운트
42	져	**져지**, 판사, 재판관, 심판관	명	**judge** [dʒʌdʒ] 저지
43	도	도장, 우표, 인지	명	**stamp** [stæmp] 스땜프

44	일	**일러스뜨레이션**, 삽화, 도해, 실례, 예증	명	illustration [ìləstréiʃən] 일러스트레이션
45	어	**어사인먼트**, 숙제, 과제, 할당	명	assignment [əsáinmənt] 어사인먼트
46	나	**나락**, 지옥, 저승	명	hell [hel] 헬
47	라	**라이크니스**, 닮음, 비슷함,	명	likeness [láiknis] 라이크니스
48	울	**울트라사운드**, 초음파	명	ultrasound [ʌ́ltrəsàund] 얼터러사운드
49	지	**지렁이**, 땅속에 사는 벌레, 비열한 인간	명	earthworm [ə́ːrəwə̀ːrm] 어-뜨워-엄
50	말	말, 언어, 연설, 강연	명	speech [spiːtʃ] 스삐-치
51	고	**고전적인**, 모범적인, 표준적인	형	classical [klǽsikəl] 클래시클
52	일	**일루전**, 환영, 환각, 환상, 망상, 착각	명	illusion [ilúːʒən] 일루-즌
53	어	**어나운스**, 알리다, 고지하다, 공표하다, 발표하다	동	announce [ənáuns] 어나운스
54	나	나라, 국가, 국토	명	state [steit] 스떼이트

55	피	피-스쁠, 평화로운, 태평한, 평화적인, 평온한	형	peaceful [píːsfəl] 피이스쁠
56	리	리플라이, 대답, 응답 ; 대답하다, 응답하다	명	reply [riplái] 리플라이
57	를	얼서, 궤양, 종기	명	ulcer [ʌ́lsər] 얼서
58	불	불로, 블로, 불다, 바람에 날리다, 바람이 불다	동	blow [blou] 블로우
59	어	어드바이저, 조언자, 충고자	명	adviser [ədváizər] 어드바이저
60	라	라이, 거짓말, 허언, 사기, 속이는 말	명	lie [lai] 라이
61	무	무비, 영화, 영화관	명	movie [múːvi] 무-비
62	지	지오그레삐, 지리, 지세, 지리학, 지형	명	geography [dʒiːágrəfi] 지-아그러삐
63	개	개더, 모으다, 거두어들이다, 채집하다, 수확하다	동	gather [gǽðər] 개더
64	연	연결, 연결고리, 사슬의 고리 ; 연결하다	명	link [liŋk] 링크
65	못	못 본체 하다, 눈감아 주다, 간과하다	동	overlook [òuvərlúk] 오우버룩

66	에	에어로빅, 유산소의, 산소의	형	**aerobic** [εəróubik] 에어로우빅
67	웃	웃게 하다, 즐겁게 하다	동	**entertain** [èntərtéin] 엔터테인
68	음	음절, 한마디, 일언반구	명	**syllable** [síləbbəl] 실러블
69	꽃	꽃, 화초	명	**flower** [fláuər] 쁠라우어
70	핀	핀, 못바늘, 브로치, 장식바늘	명	**pin** [pin] 핀
71	다	다이렉션, 디렉션, 지도, 지휘, 감독, 방향	명	**direction** [dairékʃən, di-] 다이렉션, 디렉션

25 아빠와 크레파스

1	어	어드바이스, 조언, 충고	명	advice [ədváis] 어드바이스
2	제	제네시스, 발생, 창생, 창세기	명	genesis [dʒénəsis] 제너시스
3	밤	밤어, 바머, 폭파범, 폭격기	명	bomber [bámə:r] 바머-
4	에	에어플레인, 비행기	명	airplane [ɛ́ərplèin] 에어플레인
5	우	우물, 샘, 광천, 원천	명	well [wel] 웰
6	리	리쁘트, 들어 올리다, 올리다	동	lift [lift] 리쁘트
7	아	아이, 젊은이, 새끼염소	명	kid [kid] 키드
8	빠	빠운데이션, 기초, 토대, 창설, 창립, 건설, 설립	명	foundation [faundéiʃ-ən] 빠운데이션
9	가	가을, 낙하, 떨어짐, 추락	명	fall [fɔːl] 뽀-올
10	다	다운로드, 올려 받기 하다	동	download [dáunlòud] 다운로우드

11	정	정크뿌드, 즉석식품, 시시한 음식		junk food 정크 뿌드
12	하	하우 롱 윌 잇 테익 투 겟 데어. 그곳까지 가는데 데 얼마나 걸 릴까요?		How long will it take to get there? 하우 롱 윌 이 테이크 터 겟 데어
13	신	신성한, 정결한, 성자 같은, 경건한	형	holy [hóuli] 호울리
14	모	모닝, 아침, 여명	명	morning [mɔ́ːrniŋ] 모-닝
15	습	습기, 수분, 수증기, 엉긴 물방울	명	moisture [mɔ́istʃər] 모이스처
16	으	어플라이, 지원하다, 응용하다, 적용하다, 붙이다	동	apply [əplái] 어플라이
17	로	로우드, 무거운 짐, 부담, 근심, 걱정	명	load [loud] 로우드
18	한	한없는, 무한한, 무수한, 끝없는, 한량없는	형	infinite [ínfənit] 인삐니트
19	손	손뼉을 치다, 박수갈채하다	동	clap [klæp] 클랩
20	에	에브리원, 모든 사람, 누구나	대	everyone [évriː-wʌ̀n] 에브리-원
21	는	언더월드, 저승, 황천	명	underworld [ʌ́ndərwə̀ːrld] 언더워-얼드

22	크	크레딧, 신용, 신망, 명성, 영예	명	**credit** [krédit] 크레딧
23	레	레그, 다리, 발, 버팀대	명	**leg** [leg] 레그
24	파	파틀리, 부분적으로, 얼마간, 어느 정도까지	부	**partly** [páːrtli] 파-틀리
25	스	스끄래치, 할퀴다, 긁다, 휘갈겨 쓰다, 지워 없애다	동	**scratch** [skrætʃ] 스끄래치
26	를	얼롱, ~을 따라, ~을 끼고, ~하는 도중에	전	**along** [əlóːŋ] 얼로-옹
27	사	사이언띠삑, 과학적인	형	**scientific** [sàiəntífik] 사이언티삑
28	가	가져오다, 들여오다		**bring in** 브링 인
29	지	지난 주말		**last weekend** 래스트 위켄드
30	고	고잉, 가고 있는, 가는	형	**going** [góuiŋ] 고우잉
31	오	오우밋, 빼다, 빠뜨리다, 생략하다	동	**omit** [oumít] 오우밋
32	셨	셔틀, 왕복운행열차, 버스	명	**shuttle** [ʃʌ́tl] 셔를

33	어	어퍼, 위쪽의, 위편의, 상위의	형	upper [ʌ́pər] 어퍼
34	요	요즈음, 최근에, 바로 얼마 전에	부	recently [ríːs-əntli] 리슨뜰리
35	으	**어크로스**, 가로 건너서, 저쪽에	전	across [əkrɔ́ːs] 어크로-스
36	음	음악의, 음악적인, 음악에 능한	형	musical [mjúːzik-əl] 뮤-지클
37	그	그래스, 잔디, 풀	명	grass [græs] 그래스
38	릴	릴리, 백합, 백합꽃, 나리	명	lily [líli] 릴리
39	것	거들다, 돕다, 원조하다, 조력하다	동	assist [əsíst] 어시스트
40	은	은반		ice rink 아이스 링크
41	너	너스리, 아이방, 육아실	명	nursery [nə́ːrs-əri] 너-얼서리
42	무	무늬, 도안, 줄무늬, 양식, 모형	명	pattern [pǽtərn] 패런
43	많	많은, 다수의, 여러	형	many [méni] 메니

44	은	은퇴, 퇴직, 퇴역, 정년	명	retirement [ritáiə:rmənt] 리타이어-먼트
45	데	데드, 죽은, 생명이 없는, 죽은 듯한	형	dead [ded] 데드
46	하	하일라이트, 주요사건, 가장 중요한 부분	명	highlight [hái-làit] 하일라이트
47	얀	얀, 하품하다 ; 하품, 입을 크게 벌림	동	yawn [jɔ:n] 야-안
48	종	종류, 성질, 본질, 방식	명	kind [kaind] 카인드
49	이	이브, 전야, 전일, 직전, 저녁	명	eve [i:v] 이-브
50	가	가이더, 안내자, 지도자, 인도자	명	guider [gáidər] 가이더
51	너	너-스, 간호사, 간호인, 유모	명	nurse [nə:rs] 너-스
52	무	무릎	명	lap [læp] 랩
53	작	작은 조각, 작은 부분, 소량, 조금	명	bit [bit] 비트
54	아	아규먼트, 논의, 논쟁, 논증, 논거	명	argument [á:rgjəmənt] 아-겨먼트

55	서	서튼, 확실한, 자신하는, 정확한	형	**certain** [sə́:rtən] 서-뜬
56	아	아웃컴, 결과, 과정, 성과	명	**outcome** [áutkʌ̀m] 아웃컴
57	빠	빠운틴, 분수, 샘, 원천, 근원	명	**fountain** [fáuntin] 빠운틴
58	얼	얼루전, 암시, 빗댐, 변죽울림	명	**allusion** [əlú:ʒən] 얼루-즌
59	굴	굴렁쇠, 테	명	**hoop** [hu:p] 후-프
60	그	그래이즈, 풀을 먹게 하다, 방목하다	동	**graze** [greiz] 그레이즈
61	리	리멤버, 기억하다, 생각해내다, 상기하다	동	**remember** [rimémbə:r] 리멤버-
62	고	고생, 근심, 걱정, 수고	명	**trouble** [trʌ́b-əl] 츠러블
63	나	나누다, 분리하다, 떼어놓다, 가르다	동	**separate** [sépərèit] 세퍼레이트
64	니	니, 무릎, 무릎관절	명	**knee** [ni:] 니-
65	잠	잠깐만 기다리세요. 끊지 말고 기다리세요(바꾸어 드릴게요).		**Hold on a second, please.** 호울드 온 어 세컨드, 플리-스

66	이	이매지네이션, 상상, 구상력, 창작력	명	imagination [imǽdʒənéiʃən] 이매지네이션
67	들	들고양이		wild cat 와일드 캣
68	고	고로, 그러므로, 따라서, 그런 까닭에	부	therefore [ðέə:rfɔ́:r] 데어-뽀-
69	말	말하다, 이야기하다, 알리다	동	tell [tel] 텔
70	았	았더삐셜, 아러삐셜, 인공물, 인조물, 조화 ; 인조의, 모조의	명	artificial [à:rtəfíʃəl] 아-러삐셜
71	어	어피어, 나타나다, 출현하다, 보이게 되다	동	appear [əpíər] 어피어
72	요	요크, 멍에, 속박, 지배, 연결	명	yoke [jouk] 요욱
73	으	어슬립, 잠들어, 영면하여, 죽어서 ; 잠든	부	asleep [əslí:p] 어슬리-잎
74	음	음력		lunar calendar 루너 캘린더
75	밤	밤바드, 포격하다, 폭격하다, 공격하다	동	bombard [bɑmbá:rd] 밤바-드
76	새	새러데이, 토요일	명	Saturday [sǽtə:rdei] 새러-데이

77	꿈	꿈, 야심, 야망, 대망, 큰 뜻, 공명심	명	ambition [æmbíʃən] 앰비션
78	나	나다니다, 돌아다니다, 헤매다	동	wander [wάndəːr] 완더-
79	라	라이트, 적절한, 어울리는, 제격인	형	right [rait] 라이트
80	에	에쁘트, 노력, 수고, 진력	명	effort [éfərt] 에쁘트
81	아	아우어셀브즈, 우리자신	대	ourselves [àuərsélvz] 아우어셀브즈
82	기	기름, 석유, 오일	명	oil [ɔil] 오일
83	코	코드, 암호, 부호	명	code [koud] 코우드
84	끼	끼니, 식사, 식사시간	명	meal [miːl] 미-일
85	리	리절트, 결과, 결말, 성과, 답	명	result [rizʌ́lt] 리절트
86	가	가르치다, 교육하다, 훈육하다	동	teach [tiːtʃ] 티-치
87	춤	춤, 춤추기 ; 춤추고 있는	명	dancing [dǽnsiŋ] 댄싱

88	을	얼마에요 이것? 이것 얼마입니까?		How much is this? 하우 머치 이즈 디스
89	추	추즈, 선택하다, 고르다, 선정하다	동	choose [tʃuːz] 추-즈
90	었	어드레스, 주소, 인사말, 연설	명	address [ədrés] 어드레스
91	고	고르기, 선택, 선발, 발췌, 선정	명	selection [silékʃ-ən] 실렉션
92	크	크라우드, 군중, 대중, 민중	명	crowd [kraud] 크라우드
93	레	레귤러, 규칙적인, 정기적인	형	regular [régjələːr] 레결려-
94	파	파든, 용서, 허용, 관대	명	pardon [páːrdn] 파-든
95	스	스멜, 냄새, 향기, 후각 ; 냄새 맡다	명	smell [smel] 스멜
96	병	병, 건강치 못함, 멀미	명	sickness [síknis] 시크니스
97	정	정식의, 형식에 맞는, 공식의	형	formal [fɔ́ːrm-əl] 뽀-믈
98	들	들고 다니다, 휴대하다, 운반하다, 나르다	동	carry [kǽri] 캐리

99	은	은수저		silver spoon 실버 스뿌−운
100	나	나도 그래(부정문에서)! 나도 아니야!		Neither do[am] I! 니더 두[앰] 아이
101	뭇	뭇사람, 일반국민, 일반대중	명	public [pʌ́blik] 퍼블릭
102	잎	잎, 나뭇잎, 풀잎, 한 장, 군엽	명	leaf [liːf] 리−쁘
103	을	얼레디, 이미, 벌써	부	already [ɔːlrédi] 어−얼레디
104	타	타운, 읍, 중심가, 도회지	명	town [taun] 타운
105	고	고르다, 선택하다, 선발하다, 발췌하다	동	select [silékt] 실렉트
106	놀	놀다, 게임을 즐기다, 상연하다	동	play [plei] 플레이
107	앴	앗퍼레이션, 아퍼레이션, 가동, 작업, 수술, 운영	명	operation [àpəréiʃən] 아퍼레이션
108	죠	죠, 턱, 아래턱	명	jaw [dʒɔː] 조−
109	으	어프로치, 접근, 가까이 감	명	approach [əpróutʃ] 어프로우치

110	음	음식물 쓰레기		**food waste** [뿌드 웨이스트]
111	어	어드밋, 인정하다, 허가하다, 들이다	동	**admit** [ədmít] 어드밋
112	제	제일, 감옥, 교도소	명	**jail** [dʒeil] 제일
113	밤	밤새, 밤새도록, 하룻밤 사이에, 돌연히 ; 하룻밤 사이의	부	**overnight** [óuvərnàit] 오우버나잇
114	엔	엔지니어, 기사, 기술자, 공학도	명	**engineer** [èndʒəníər] 엔지니어
115	달	달인, 숙달자, 전문가, 명인, 숙련가	명	**expert** [ékspəːrt] 엑스퍼어트
116	빛	빛나는, 밝은, 광채 나는, 화창한	형	**bright** [brait] 브라이트
117	도	도우, 가루반죽, 반죽 덩어리	명	**dough** [dou] 도우
118	아	아너, 명예, 영예, 영광	명	**honor** [ánər] 아너
119	빠	빠이어플레이스, 난로, 벽난로	명	**fireplace** [fáiərplèis] 빠이어-플레이스
120	의	의미심장한, 뜻있는	형	**meaningful** [míːniŋfəl] 미-닝뻘

121	웃	웃다, 미소 짓다, 생글거리다	동	smile [smail] 스마일
122	음	음악회, 합주, 연주회	명	concert [kánsə(:)rt] 칸서(-)트
123	처	처벌, 벌, 형벌, 응징, 징계, 본 보기, 학대, 혹사	명	punishment [pʌ́niʃmənt] 퍼니시먼트
124	럼	엄청난, 어마어마한, 거대한	형	enormous [inɔ́ːrməs] 이너-머스
125	나	나도 여기 처음이야. 나도 초행길이야.		I am strange here. 아임 스뜨레인지 히어
126	의	의복, 의류, 피복	명	clothing [klóuðiŋ] 클로우딩
127	창	창조, 창작, 창설, 창조물, 창작품	명	creation [kriːéiʃən] 크리-에이션
128	에	에코, 메아리, 반향, 모방, 흉내	명	echo [ékou] 에코우
129	기	기술, 공업기술, 과학기술	명	technology [teknálədʒi] 테크날러지
130	대	대기오염, 공기오염		air pollution 에어 펄루우션
131	어	어몽, ~의 사이에, ~가운데	전	among [əmʌ́ŋ] 어몽

132	포	포켓, 파킷, 주머니, 쌈지, 지갑	명	pocket [pákit] 파킷
133	근	근본, 기초, 기저, 토대, 기본원칙	명	basis [béisis] 베이시스
134	히	히스토리, 역사, 이력	명	history [hístəri] 히스트리
135	날	날리다, 잃다, 낭비하다	동	lose [lu:z] 루-즈
136	재	재다, 측정하다, 측량하다, 평가하다	동	measure [méʒə:r] 메저-
137	워	워스, 보다 나쁜, 악화된	형	worse [wə:rs] 워-스
138	주	주의 깊은, 조심스러운, 신중한, 면밀한	형	careful [kɛ́ərfəl] 케어뻘
139	었	어덜트, 성인, 어른	명	adult [ədʌ́lt] 어덜트
140	어	어사이드, 곁에, 옆에	전	aside [əsáid] 어사이드
141	요	(토론 따위의) 요점, 제일 중요한 점		main point 메인 포인트
142	으	어팔러지, 사과, 사죄, 해명, 변명	명	apology [əpálədʒi] 어팔러지
143	음	음악, 악곡, 음악작품	명	music [mjú:zik] 뮤-직

26 앞으로

1	앞	앞날, 미래, 장래, 장차, 장래성	명	future [fjúːtʃər] 쀼-처
2	으	어택, 공격 ; 공격하다, 습격하다	명	attack [ətǽk] 어택
3	로	로스트, 잃은, 분실한, 행방불명의	형	lost [lɔ(ː)st] 로(-)스트
4	앞	앞날, 미래, 장래, 장차, 장래성	명	future [fjúːtʃər] 쀼-처
5	으	어택, 공격 ; 공격하다, 습격하다	명	attack [ətǽk] 어택
6	로	로스트, 잃은, 분실한, 행방불명의	형	lost [lɔ(ː)st] 로(-)스트
7	앞	앞날, 미래, 장래, 장차, 장래성	명	future [fjúːtʃər] 쀼-처
8	으	어택, 공격 ; 공격하다, 습격하다	명	attack [ətǽk] 어택
9	로	로스트, 잃은, 분실한, 행방불명의	형	lost [lɔ(ː)st] 로(-)스트
10	앞	앞에, 전에, 전방에, 이전에	부	before [bifɔ́ːr] 비뽀-

Part V 국민 애창동요 ②

11	으	어택, 공격 ; 공격하다, 습격하다	명	**attack** [ətǽk] 어택
12	로	**로스트**, 잃은, 분실한, 행방불명의	형	**lost** [lɔ(:)st] 로(ー)스트
13	지	**지아메트리**, 기하학	명	**geometry** [ʤiːámətri] 지-아머츠리
14	구	**구경거리**, 광경, 쇼, 장관, 스펙터클 영화, 안경	명	**spectacle** [spéktək-əl] 스펙터클
15	는	**언톨드**, 이야기 되지 않은, 언급되지 않은	형	**untold** [ʌntóuld] 언토울드
16	둥	**둥지**, 보금자리, 둥우리, 안식처, 휴식처	명	**nest** [nest] 네스트
17	그	**그레주에이션**, 졸업, 학위취득	명	**graduation** [græ̀ʤuéiʃən] 그래주에이션
18	니	**니어**, 가까이에, 접근하여	부	**near** [niər] 니어
19	까	까만, 검은, 암흑의	형	**black** [blæk] 블랙
20	자	**자랑하다**, 떠벌리다, 뽐내다	동	**boast** [boust] 보우스트
21	꾸	**꾸짖다**, 호통치다, 잔소리하다	동	**scold** [skould] 스코울드

22	걸	걸어가다, 도보로 가다		go on foot 고우 온 뿟
23	어	어뮤즈먼트, 즐거움, 위안, 재미	명	amusement [əmjú:zmənt] 어뮤−즈먼트
24	나	나이틀리, 밤마다 ; every night 매일 밤	부	nightly [náitli] 나이뜰리
25	가	가위	명	scissors [sízə:rz] 시저−즈
26	면	면, 관점, 관계, 관련 ; in this ~ 이 점에서	명	respect [rispékt] 리스펙트
27	온	온화한, 점잖은, 상냥한, 친절한, 온순한	형	gentle [ʤéntl] 젠틀
28	세	세이쁘, 금고	명	safe [seif] 세이쁘
29	상	상, 조상, 조각상	명	statue [stǽtʃu:] 스때츄−
30	어	어라이브, 도착하다, 닿다, 도달하다	동	arrive [əráiv] 어라이브
31	린	린, 리인, 기울기, 경사, 치우침	명	lean [li:n] 리−인
32	이	이스페셜, 특별한, 각별한, 현저한	형	especial [ispéʃəl] 이스뻬셜

33	들	들뜬, 불안한, 거북한, 꺼림칙한, 근심스러운	형	**uneasy** [ʌníːzi] 어니-지
34	다	다이어미터, 지름, 직경	명	**diameter** [daiǽmitər] 다이애미터
35	만	만찬, 저녁식사	명	**supper** [sʌ́pər] 서퍼
36	나	나타내다, 표현하다, 표시하다	동	**express** [iksprés] 익스프레스
37	고	고우스틀리, 유령의, 유령 같은, 그림자 같은, 희미한	형	**ghostly** [góustli] 고우스틀리
38	오	오거스트, 8월	명	**August** [ɔ́ːgəst] 오-거스트
39	겟	게이트, 문, 입구, 통로	명	**gate** [geit] 게이트
40	네	네시서리, 필요한, 없어서는 안 될	형	**necessary** [nésəsèri] 네서세리
41	온	온루커, 방관자, 구경꾼	명	**onlooker** [ánlùkər, ɔ́(ː)n-] 안루커 / 온루커
42	세	세일, 돛, 배의 돛 ; 항해하다	명	**sail** [seil] 세일
43	상	상, 상금, 상품, 경품	명	**prize** [praiz] 프라이즈

44	어	**어뷰즈**, 학대, 남용, 오용	명	**abuse** [əbjúːz] 어뷰-즈
45	린	**인컴**, 수입(주로 정기적인), 소득	명	**income** [ínkʌm] 인컴
46	이	**이상한**, 낯선, 기묘한, 생소한	형	**strange** [streindʒ] 스뜨레인지
47	가	**가루**, 분말, 화약, 분말제품	명	**powder** [páudər] 파우더
48	하	**하이브리드**, 잡종, 튀기, 혼혈아, 혼성물	명	**hybrid** [háibrid] 하이브리드
49	하	**하이브리드**, 잡종, 튀기, 혼혈아, 혼성물	명	**hybrid** [háibrid] 하이브리드
50	하	**하이브리드**, 잡종, 튀기, 혼혈아, 혼성물	명	**hybrid** [háibrid] 하이브리드
51	하	**하이브리드**, 잡종, 튀기, 혼혈아, 혼성물	명	**hybrid** [háibrid] 하이브리드
52	웃	**웃어른**, 손위, 연상	명	**senior** [síːnjər] 시-녀
53	으	**어시스턴트**, 조수, 보조자, 점원	명	**assistant** [əsístənt] 어시스튼트
54	면	**면적**, 정사각형, 광장, 사각 면	명	**square** [skwɛə:r] 스퀘어-

55	그	그랜저, 위대, 웅대, 화려, 장관, 숭고	명	grandeur [grǽndʒər] 그랜저
56	소	소울, 영혼, 정신, 마음, 넋	명	soul [soul] 소울
57	리	리포터, 기자, 보고자, 신고자	명	reporter [ripɔ́ːrtəːr] 리포-터-
58	들	들어가지 마세요!		Keep off! 키-보프
59	리	리슨 투 미. 제 말 좀 들어 보세요. 제 말에 귀 기울여 주세요.		Listen to me. 리슨 투 미
60	겟	겟 업, 일어나다.		get up 게덥
61	네	네거티브, 부정적인, 소극적인	형	negative [négətiv] 네거티브
62	달	달려들다, (개나 짐승 따위가) 와락 덤벼들다		spring at ~ 스쁘링 앳
63	나	나운, 명사,	명	noun [naun] 나운
64	라	라이쁠롱, 일생의, 평생의	형	lifelong [láiflɔ̀(ː)ŋ] 라이쁠로(-)옹
65	까	까다로운, 어려운, 곤란한, 힘든, 난해한	형	difficult [dífikʌ̀lt] 디삐컬트
66	지	지탱하다, 지지하다, 원조하다	동	support [səpɔ́ːrt] 서포-트

67	앞	앞으로, 전방으로	부	**forward** [fɔ́ːrwəːrd] 뽀-워-드
68	으	어태치, 붙이다, 달다, 바르다	동	**attach** [ətǽtʃ] 어태치
69	로	로컬, 지방의, 고장의, 국부의	형	**local** [lóukəl] 로우클
70	앞	앞으로, 전방으로	부	**forward** [fɔ́ːrwəːrd] 뽀-워-드
71	으	어태치, 붙이다, 달다, 바르다	동	**attach** [ətǽtʃ] 어태치
72	로	로컬, 지방의, 고장의, 국부의	형	**local** [lóukəl] 로우클
73	앞	앞으로, 전방으로	부	**forward** [fɔ́ːrwəːrd] 뽀-워-드
74	으	어태치, 붙이다, 달다, 바르다	동	**attach** [ətǽtʃ] 어태치
75	로	로컬, 지방의, 고장의, 국부의	형	**local** [lóukəl] 로우클
76	앞	앞으로, 전방으로	부	**forward** [fɔ́ːrwəːrd] 뽀-워-드
77	으	어태치, 붙이다, 달다, 바르다	동	**attach** [ətǽtʃ] 어태치
78	로	로컬, 지방의, 고장의, 국부의	형	**local** [lóukəl] 로우클

Part V 국민 예상동요 ②

27 정글 숲을 지나서 가자.

1	정	정말의, 진실한, 사실과 틀리지 않는, 진정한	형	**true** [tru:] 츠루-
2	글	글래드, 기쁜, 반가운, 유쾌한	형	**glad** [glæd] 글래드
3	숲	숲, 수풀, 나무, 목재	명	**wood** [wud] 우드
4	을	**얼모스트**, 거의, 거반, 대체로	부	**almost** [ɔ́ːlmoust] 어-얼모우스트
5	지	지일, 열중, 열의, 열심, 열성, 열정	명	**zeal** [ziːl] 지-일
6	나	나이트, 기사, 무사	명	**knight** [nait] 나이트
7	서	서든리, 갑자기, 불시에, 졸지에, 돌연, 느닷없이	부	**suddenly** [sʌ́dnli] 서든리
8	가	가려내다, 골라내다, 분류하다, 종류로 나누다 ; 종류, 성질	동	**sort** [sɔːrt] 소오트
9	자	자랑, 자만심, 오만, 거만	명	**pride** [praid] 프라이드
10	엉	엉엉 울다, 소리치다, 외치다	동	**cry** [krai] 크라이

11	금	금방, 즉시(promptly), 신속히, 빨리		at once 앳 완스
12	엉	엉클, 아저씨, 백부, 숙부	명	uncle [ʌ́ŋkəl] 엉클
13	금	금전, 경화, 화폐	명	coin [kɔin] 코인
14	기	기쁘티드, 타고난, 재능 있는, 유능한	형	gifted [gíftid] 기쁘티드
15	어	어깨, 어깨 관절, 어깨 부분	명	shoulder [ʃóuldəːr] 쇼울더
16	서	서치, 그러한, 그런, 그와 같은	형	such [sʌtʃ] 서치
17	가	가디스, 여신, 미인, 숭배하는 여성	명	goddess [gádis] 가디스
18	자	자라다, 성장하다, 커지다		grow up 그로우 업
19	늪	늪지, 습지, 늪, 소택	명	swamp [swɑmp] 스왐프
20	지	지알러지, 지질학, 지질	명	geology [dʒiːálədʒi] 지-알러지
21	대	대학교, 종합대학교	명	university [juːnəvə́ːrsəti] 유-너버서디
22	가	가버먼트, 정부, 통치, 지배	명	government [gʌ́vərnmənt] 가버먼트

23	나	나방, 옷 좀나방	명	**moth** [mɔ(:)θ] 모(-)뜨
24	타	타우어, 탑, 망루, 고층 건물	명	**tower** [táuə:r] 타우어-
25	나	(전쟁 등이) **나다**, 일어나다, 돌발하다, 발생하다		**break out** 브레익아웃
26	면	**면**, 평면, 수평면, 수준, 정도, 비행기, 수상기	명	**plane** [plein] 플레인
27	은	**언셀삐쉬**, 이기적이지 않은, 욕심 없는	형	**unselfish** [ʌnsélfiʃ] 언셀삐시
28	악	**악스**, 수소, 황소	명	**ox** [ɑks] 악스
29	어	**어텐드**, ~에 출석하다, 동행하다, 동반하다, 시중들다	동	**attend** [əténd] 어텐드
30	떼	**떼**, 그룹, 집단, 단체	명	**group** [gru:p] 그루-웁
31	가	**가드**, 경호인, 수위, 문지기, 경계, 감시	명	**guard** [gɑ:rd] 가-드
32	나	**나란히**, 가지런히		**side by side** 사이드 바이 사이드
33	올	**올라가다**, 오르다, 등반하다, 기어오르다	동	**climb** [klaim] 클라임
34	라	**라이블리**, 생기에 넘친, 기운찬, 활기찬, 팔팔한	형	**lively** [láivli] 라이블리

㉘ 학교 종

1	학	학과, 수업, 연습, 교훈, 훈계	명	**lesson** [lésn] 레슨
2	교	교과서, 교재	명	**textbook** [tékstbùk] 텍스트북
3	종	종교, 신앙(생활), 신앙심	명	**religion** [rilídʒ-ən] 릴리즌
4	이	**이모셔널**, 감정의, 감정적인, 정서의, 다감한	형	**emotional** [imóuʃənəl] 이모우셔늘
5	땡	**땡스기빙**, 감사, 감사하기, 감사기도	명	**thanksgiving** [θæ̀ŋksgíviŋ] 땡스기빙
6	땡	**땡스기빙**, 감사, 감사하기, 감사기도	명	**thanksgiving** [θæ̀ŋksgíviŋ] 땡스기빙
7	땡	**땡스기빙**, 감사, 감사하기, 감사기도	명	**thanksgiving** [θæ̀ŋksgíviŋ] 땡스기빙
8	어	**어드밴티지**, 유리, 이익, 편의 우세, 이점, 장점	명	**advantage** [əd / ædvǽntidʒ] 어드밴티지
9	서	**서클**, 원, 환, 순환	명	**circle** [sə́ːrkl] 서-클
10	모	모닝 글로리, 나팔꽃		**morning glory** 모-닝 글로리

11	이	이어, 해, 년	명	**year** [jiə:r] 이-어
12	자	자연, 성질, 천성, 본성	명	**nature** [néitʃər] 네이처
13	선	선셋, 해넘이, 일몰, 해질녘, 저녁놀이 진 하늘	명	**sunset** [sʌ́nsèt] 선셋
14	생	생김새, 얼굴생김새, 용모, 얼굴	명	**feature** [fíːtʃər] 삐이쳐
15	님	임프레션, 인상, 감명, 느낌	명	**impression** [impréʃən] 임프레션
16	이	이야기, 설화, 꾸민 이야기	명	**tale** [teil] 테일
17	우	우즈, 스며 나오다, 새다, 줄줄 흘러나오다	동	**ooze** [uːz] 우-즈
18	리	리포트, 보고서, 기사	명	**report** [ripɔ́:rt] 리포-트
19	를	얼롱사이드, 나란히, ~의 곁에	부	**alongside** [əlɔːŋsáid] 얼로-옹사이드
20	기	기도하다, 기원하다, 간원하다, 빌다	동	**pray** [prei] 프레이
21	다	다이, 죽다, 없어지다, 사라지다	동	**die** [dai] 다이

22	리	리가드, 중시하다, 주의하다, 고려하다	동	**regard** [rigáːrd] 리가-드
23	신	신쓰, ~이래로, 그 후, 그 후 내내	부	**since** [sins] 신스
24	다	다이어비티스, 당뇨병	명	**diabetes** [dàiəbíːtis, -tiːz] 다이어비-티스

29 떴다 떴다 비행기

1	떴	**떴스티, 떠스티,** 목마른, 갈망하는	형	**thirsty** [θə́ːrsti] 떠-서디
2	다	**다이렉트,** 지도하다, 감독하다	동	**direct** [dairékt] 다이렉트
3	떴	**떴스티, 떠스티,** 목마른, 갈망하는	형	**thirsty** [θə́ːrsti] 떠-서디
4	다	**다이렉트,** 지도하다, 감독하다	동	**direct** [dairékt] 다이렉트
5	비	**비지,** 바쁜, 분주한, 번화한, 통화 중인	형	**busy** [bízi] 비지
6	행	**행,** 매달다, 걸다, 목매달다, 교수형에 처하다	동	**hang** [hæŋ] 행
7	기	**기후,** 풍토, 환경, 분위기, 풍조	명	**climate** [kláimit] 클라이밋
8	날	**날리지,** 지식, 학식, 학문, 이해	명	**knowledge** [nálidʒ] 날리지
9	아	**아니스티,** 정직, 성실, 충실	명	**honesty** [ánisti] 아니스디
10	라	**라이쁘타임,** 일생, 평생, 생애	명	**lifetime** [láiftàim] 라이쁘타임

11	날	날리지, 지식, 학식, 학문, 이해	명	**knowledge** [nálidʒ] 날리지
12	아	아니스티, 정직, 성실, 충실	명	**honesty** [ánisti] 아니스디
13	라	라이쁘타임, 일생, 평생, 생애	명	**lifetime** [láiftàim] 라이쁘타임
14	높	높은 소리로, 소리 높게, 큰 소리로	부	**loudly** [láudli] 라우들리
15	이	이펙트, 영향, 효과, 결과	명	**effect** [ifékt] 이펙트
16	높	높은 소리로, 소리 높게, 큰 소리로	부	**loudly** [láudli] 라우들리
17	이	이펙트, 영향, 효과, 결과	명	**effect** [ifékt] 이펙트
18	날	날리지, 지식, 학식, 학문, 이해	명	**knowledge** [nálidʒ] 날리지
19	아	아니스티, 정직, 성실, 충실	명	**honesty** [ánisti] 아니스디
20	라	라이쁘타임, 일생, 평생, 생애	명	**lifetime** [láiftàim] 라이쁘타임
21	우	우레, 천둥, 벼락, 진동, 우레 같은 소리	명	**thunder** [θʌndəːr] 떤더-

22	리	리즌, 이유, 까닭, 도리	명	**reason** [ríːz-ən] 리-즌
23	비	**비지**, 바쁜, 분주한, 번화한, 통화 중인	형	**busy** [bízi] 비지
24	행	**행**, 매달다, 걸다, 목매달다, 교수형에 처하다	동	**hang** [hæŋ] 행
25	기	**기후**, 풍토, 환경, 분위기, 풍조	명	**climate** [kláimit] 클라이밋
26	내	**내셔널**, 전국의, 국가의, 국민의	형	**national** [næʃənnəl] 내셔늘
27	가	**가냘픈**, 연약한, 약한, 힘없는, 나약한	형	**feeble** [fíːbəl] 삐-블
28	만	**만나서 반가워!**		**Nice to meet you!** 나이스 터미 츄
29	든	**든든한**, 안전한, 걱정 없는	형	**safe** [seif] 세이쁘
30	비	**비지**, 바쁜, 분주한, 번화한, 통화 중인	형	**busy** [bízi] 비지
31	행	**행**, 매달다, 걸다, 목매달다, 교수형에 처하다	동	**hang** [hæŋ] 행
32	기	**기후**, 풍토, 환경, 분위기, 풍조	명	**climate** [kláimit] 클라이밋

33	날	날리지, 지식, 학식, 학문, 이해	명	knowledge [nálidʒ] 날리지
34	아	아니스티, 정직, 성실, 충실	명	honesty [ánisti] 아니스디
35	라	라이쁘타임, 일생, 평생, 생애	명	lifetime [láiftàim] 라이쁘타임
36	날	날리지, 지식, 학식, 학문, 이해	명	knowledge [nálidʒ] 날리지
37	아	아니스티, 정직, 성실, 충실	명	honesty [ánisti] 아니스디
38	라	라이쁘타임, 일생, 평생, 생애	명	lifetime [láiftàim] 라이쁘타임
39	멀	멀티플라이, 곱하다, 늘리다	동	multiply [mʌ́ltəplài] 멀터플라이
40	리	리버디, 자유, 자립, 해방	명	liberty [líbəːrti] 리버-디
41	멀	멀티플라이, 곱하다, 늘리다	동	multiply [mʌ́ltəplài] 멀터플라이
42	리	리버디, 자유, 자립, 해방	명	liberty [líbəːrti] 리버-디
43	날	날리지, 지식, 학식, 학문, 이해	명	knowledge [nálidʒ] 날리지

44	아	아니스티, 정직, 성실, 충실	명	honesty [ánisti] 아니스디
45	라	라이쁘타임, 일생, 평생, 생애	명	lifetime [láiftàim] 라이쁘타임
46	우	우수한, 훌륭한, 뛰어난	형	excellent [éksələnt] 엑설런트
47	리	리얼라이즈, 깨닫다, 실현하다	동	realize [rí:əlàiz] 리-얼라이즈
48	비	비지, 바쁜, 분주한, 번화한, 통화중인	형	busy [bízi] 비지
49	행	행, 매달다, 걸다, 목매달다, 교수형에 처하다	동	hang [hæŋ] 행
50	기	기후, 풍토, 환경, 분위기, 풍조	명	climate [kláimit] 클라이밋

Part Ⅵ

노래가사 첫말잇기로 자동암기

속담모음

순 서

1 유유상종

1	유	유슬리스, 쓸모없는, 무익한, 헛된, 아무 짝에도 쓸데없는	형	**useless** [júːslis] 유슬리스
2	유	유슬리스, 쓸모없는, 무익한, 헛된, 아무 짝에도 쓸데없는	형	**useless** [júːslis] 유슬리스
3	상	상속, 계승, 상속재산, 유산, 계승물	명	**inheritance** [inhéritəns] 인헤리튼스
4	종	종업원, 고용인, 사용인	명	**employee** [implɔ́ii:] 임플로이–

2 유비무환

1	유	유–뜨, 젊음, 원기, 혈기, 청년시절, 청춘기	명	**youth** [juːθ] 유–뜨
2	비	비터, 쓴, 모진, 호된, 신랄한, 괴로운, 쓰라린	형	**bitter** [bítər] 비터
3	무	무질서, 어지러움, 혼란	명	**disorder** [disɔ́ːrdər] 디스오–더
4	환	환자, 병자 ; 인내심이 강한, 끈기 좋은, 잘 견디는	명	**patient** [péiʃənt] 페이션트

3 오십 보 백보

1	오	오우, 빚지고 있다, 지불할 의무를 지고 있다, 신세를 지다	동	**owe** [ou] 오우
2	십	십, (마실 것의) 한 모금, 한 번 마심 ; 홀짝이다	명	**sip** [sip] 십
3	보	보밋, 바밋, 토하다, 게우다, 뿜어내다, 분출하다	동	**vomit** [vɔ́mit / vám-] 보밋 / 바밋
4	백	백그라운드, 배경, 원경, 경력, 경험, 전력, 기초	명	**background** [bǽkgràund] 백그라운드
5	보	보밋, 바밋, 토하다, 게우다, 뿜어내다, 분출하다	동	**vomit** [vɔ́mit / vám-] 보밋 / 바밋

4 선견지명

1	선	선망의 대상, 부러운 것, 질투, 부러움, 시기, 시샘 ; 부러워하다	명	**envy** [énvi] 엔비
2	견	견주다, 비교하다, 대조하다, 비유하다, 필적하다	동	**compare** [kəmpéər] 컴페어
3	지	지일, 열중, 열의, 열심, 열정, 열성	명	**zeal** [zi:l] 지일

| 4 | 명 | 명작, 걸작 | 명 | masterpiece
[mǽstəːrpìːs]
매스터-피-스 |

5 실패는 성공의 어머니

1	실	실리, 어리석은, 분별없는, 바보 같은, 어이없는	형	silly [síli] 실리
2	패	패닉, 공황, 겁먹음, 당황, 낭패, 돌연한 공포	명	panic [pǽnik] 패닉
3	는	넌, 수녀	명	nun [nʌn] 넌
4	성	성원하다, 격려하다, 용기를 북돋우다	동	encourage [enkə́ːridʒ] 엔커리지
5	공	공적, 공훈, 행위, 실행	명	deed [diːd] 디-드
6	의	의식하고 있는, 지각하고 있는, 알고 있는, 지각 있는	형	conscious [kánʃəs] 칸셔스
7	어	어큐-즈, 고발하다, 고소하다	동	accuse [əkjúːz] 어큐-즈
8	머	머슬, 근육, 힘줄, 완력, 압력, 강제	명	muscle [mʌ́s-əl] 머슬

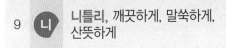

| 9 | 니 | 니틀리, 깨끗하게, 말쑥하게, 산뜻하게 | 부 | neatly [ní:tli] 니틀리 |

6 고양이 앞에 쥐

1	고	고치다, 수선하다	동	mend [mend] 멘드
2	양	양심, 도의심, 도덕관념	명	conscience [kánʃəns] 칸션스
3	이	이너머스, 거대한, 막대한, 매우 큰	형	enormous [inɔ́ːrməs] 이노-머스
4	앞	앞퍼지션, 아퍼지션, 반대, 반항, 방해, 대립, 대항	명	opposition [àpəzíʃən] 아퍼지션
5	에	에커나믹, 경제의, 경제상의, 재정상의	형	economic [èknámik] 에크나믹
6	쥐	쥐다, 꽉 쥐다, 꼭 잡다 ; 꽉 쥠, 잡음	동	grip [grip] 그립

7 바람 앞에 등불

1	바	바우. 큰 가지	명	**bough** [bau] 바우
2	람	암송하다, 낭송하다, 음창하다, 읊다	동	**recite** [risáit] 리사이트
3	앞	앞션, 옵션, 선택권, 선택의 자유, 선택	명	**option** [ápʃən / óp-] 앞션 / 옵션
4	에	에퍼데믹, 유행병, 전염병 ; 유행성의, 전염성의	명	**epidemic** [èpədémik] 에퍼데믹
5	등	등록하다, 입학하다, 입회하다, 명부에 기재하다	동	**enroll** [enróul] 엔로울
6	불	불가능한, ~을 할 수 없는, 무능한, 무력한	형	**incapable** [inkéipəbəl] 인케이퍼블

8 등잔 밑이 어둡다.

1	등	등반하다, (산 따위에) 오르다, 기어오르다	동	**climb** [klaim] 클라임
2	잔	잔해, 잔존물, 잔액, 유물, 유적, 화석	명	**remain** [riméin] 리메인

3	밑	밑크, 미익, 온순한, 부드러운, 유한, 양처럼 순한	형	meek [miːk] 미-익
4	이	이그저스트, 다 써버리다, 고갈시키다, 소모하다, 지치게 하다	동	exhaust [igzɔ́ːst] 이그조-스트
5	어	어번던트, 풍부한, 많은, 풍족한	형	abundant [əbʌ́ndənt] 어번던트
6	둡	둡플러케이트, 이중의, 중복의, 한 쌍의, 복사의	형	duplicate [djúːpləkit] 두플리키트
7	다	다이버스디, 차이, 차이점, 다양성, 동일하지 않음	명	diversity [daivə́ːrsəti] 다이버스디

(9) 금강산도 식후경

1	금	(살결이 흰) 금발의 여성 ; 금발의	명	blonde [bland] 블란드
2	강	강조, 역설, 중요시, 중요성	명	emphasis [émfəsis] 엠뻐시스
3	산	산업, 공업, 산업계 ; 근면, 성실	명	industry [índəstri] 인더스트리
4	도	도메스틱, 가정의, 가사의, 사육되어 길든, 국내의 ; 하인, 종, 하녀	형	domestic [douméstik] 도메스틱

5	식	식, 시익, 찾다, 추구하다, 탐구하다, 얻으려고 하다	동	seek [si:k] 시익
6	후	후에버, ~하는 누구든지, 누가 ~하더라도	대	whoever [hu:évə:r] 후-에버
7	경	경고, 주의, 조심, 신중	명	caution [kɔ́:ʃən] 코-션

⑩ 고생 끝에 낙이 온다.

1	고	고혈압		high blood pressure 하이 블러드 프레셔
2	생	생포, 포획, 빼앗음 ; 붙잡다, 생포하다, 획득하다	명	capture [kǽptʃər] 캡쳐
3	끝	끝으로, 결론적으로, 결과적으로	부	in conclusion 인 컨클루-전
4	에	에지, 끝머리, 테두리, 가장자리, 변두리, 모서리	명	edge [edʒ] 에지
5	낙	낙천적인, 낙관적인, 낙천주의의	형	optimistic [àptəmístik] 앞터미스틱
6	이	이스케잎, 달아나다, 탈출하다, 도망가다	동	escape [iskéip] 이스께잎

7	온	온 완즈[더] 웨이 홈, 집[학교]에 가는 도중에, 귀가하는 중에		on one's [the] way home [to school] 온 완즈 [더] 웨이 홈 [투 스꾸울]
8	다	다루다, 처리하다, 취급하다, 분배하다, 나누다,	동	deal [di:l] 디-일

⑪ 천리 길도 한걸음부터

1	천	천성의, 타고난, 천부의, 자연스러운, 당연한, 자연의	형	natural [nǽtʃərəl] 내처럴
2	리	리글, 법률의, 법률에 관한,	형	legal [líːɡəl] 리-클
3	길	길트, 죄, 유죄, 범죄행위	명	guilt [gilt] 길트
4	도	도큐먼트, 다큐먼트, 문서, 서류, 기록, 증거자료, 조서	명	document [dɔ́kjəmənt /dɑ́k-] 도켜먼트, 다켜먼트
5	한	한탄하다, 슬퍼하다, 비탄하다, 애도하다, 애석해하다	동	lament [ləmént] 러멘트
6	걸	걸인, 거지, 가난뱅이	명	beggar [bégər] 베거
7	음	음영, 그림자, 그늘, 어둠, 어두운 그림자, 유령	명	shadow [ʃǽdou] 쇄도우

| 8 | 부 | 부처, 고깃간 주인, 푸주한,
도살업자, 학살자 | 명 | butcher
[bútʃər]
부처 |
| 9 | 터 | 터리삑, 빼어난, 대단한, 아주 멋진,
멋진, 무시무시한, 소름끼치는 | 형 | terrific
[tərífik]
터리삑 |

국립중앙도서관 출판예정도서목록(CIP)

첫말잇기 초등 고학년 영단어 : 선행학습겸용 : 노래따라 단
어암기·초단기 완성 / 저자: 박남규. -- 서울 : 유빅토리(U
victory), 2016
    p. ;   cm

본문은 한국어, 영어가 혼합수록됨
ISBN 979-11-956951-5-7 03740 : ₩13000

영어 단어[英語單語]

744-KDC6
428-DDC23   CIP2015035375